HOTEL

barefoot

TIMMENDORFER
STRAND

teNeues

INHALTSVERZEICHNIS

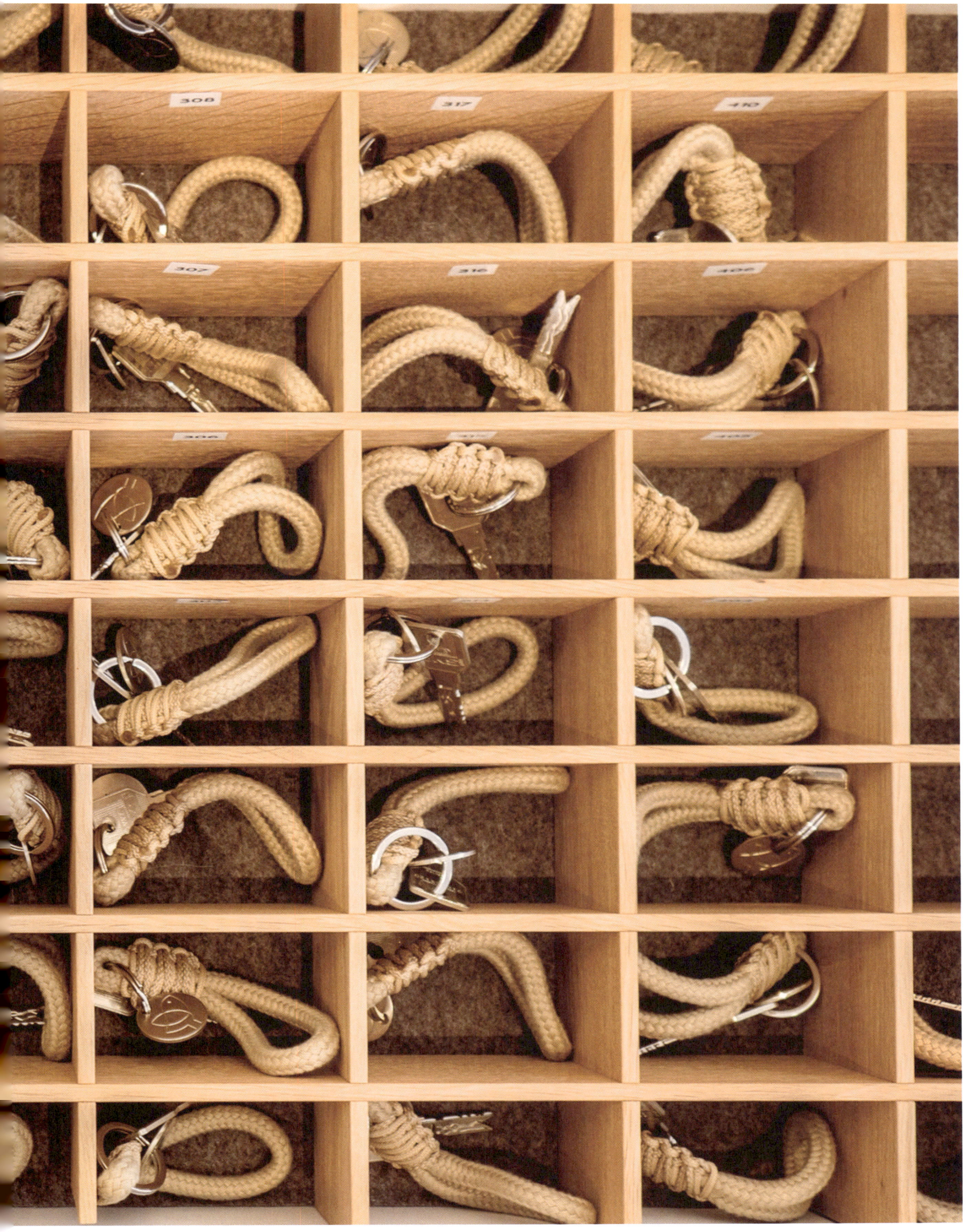

INTERVIEW

„ES IST ALLES DURCHKOMPONIERT, WIE BEI MEINEN FILMEN"

Wie entstand die Idee zum Barefoot Hotel Timmendorfer Strand? Was verbindet den Betreiber Mirko Stemmler mit dem Gestalter und Namensgeber Til Schweiger? Ein Gespräch.

Hamburg und Berlin, Los Angeles und Mallorca: Gewöhnlich ist Til Schweiger an diesen Orten unterwegs. Was war Ihre Reaktion, als Sie zur ersten Ortsbesichtigung nach Timmendorfer Strand kamen?

TIL SCHWEIGER (lacht): Ich bin jemand, der viel Fantasie entwickeln kann, zum Beispiel wenn ich die Locations für meine Filme checke. Aber hier? Da fiel mir zunächst nichts ein. Vor lauter Beton. Und Bausünden. Am besten abreißen und neu bauen.

MIRKO STEMMLER: Das war tatsächlich auch eine der Optionen. Die JASIKA Hotelgesellschaft hatte das Haus vor Jahren übernommen, und es war inzwischen eines der letzten Hotels in unserem Immobilien-Portfolio: in die Jahre gekommen und von Grund auf renovierungsbedürftig ...

TIL SCHWEIGER: Ich war im Begriff, mit einem Nein wieder abzureisen, habe mich dann aber drinnen noch ein wenig umgeschaut. Da war er dann, dieser Moment der Erleuchtung. Zwischen vielen alten Ölgemälden entdeckte ich ein Foto, das das Hotel um die Jahrhundertwende zeigt. Mit den schönen Holzbalkonen davor. Okay, wenn wir diese Atmosphäre wieder hinbekommen, dann könnte ich mir ein Engagement vorstellen.

Was für eine Art von Deal haben Sie dann geschlossen?

MIRKO STEMMLER: Ich bin Geschäftsführer der JASIKA Holding und wir übernehmen alle Kosten, die mit der aufwendigen historischen Rückbesinnung auch höher als ursprünglich veranschlagt ausfallen. Til ist für das Konzept verantwortlich und steuert alle Einrichtungselemente aus seiner Barefoot-Design-Linie bei.

TIL SCHWEIGER: Wo Til draufsteht, ist auch Til drin. Auch wer es immer noch nicht glaubt: Ich suche sogar die Schrauben aus.

MIRKO STEMMLER: Absolut! Til hat ein erstaunliches Gespür für Details, er entwirft und zeichnet ständig, sucht seine Hersteller persönlich auf, um Wünsche zu besprechen. Und das ist für mich das Elementare an unserer Zusammenarbeit. Ich habe Til als

jemanden kennengelernt, der einen unverwechselbaren Stil entwickelt hat. Genauso wie er seine Finca auf Mallorca oder sein Haus in Hamburg eingerichtet hat, genauso geht er hier beim Hotel vor: viel Holz, nachhaltige Materialien, erdverbundene, warme Farbtöne. Und daraus entsteht eine Atmosphäre zum Wohlfühlen, die im Übrigen auch meinem privaten Geschmack voll und ganz entspricht.

So entspannt, dass man barfuß durchs Barefoot Hotel schreiten kann?

MIRKO STEMMLER (lacht): Es gab im Vorfeld schon ernste Anfragen, ob es bei uns Hausregel ist, die Schuhe auszuziehen. Nein, muss man nicht! Aber solche Reaktionen bestätigen unser Konzept: Man soll sich wie zuhause fühlen.

TIL SCHWEIGER: Ich bin schon ein Leben lang in Hotels unterwegs, habe auch viele Design- und Boutique-Hotels kennengelernt. Die sind leider oft auch ungemütlich. Wenn ich mich zum Beispiel in einem Bett nicht wohlfühle, kann es passieren, dass ich die ganze Nacht kein Auge zumache. Was bringt mir dann das luxuriöse oder avantgardistische Design? Oder wenn du verzweifelt suchst, wie das Licht ausgeht? Oder du ein großes Zimmer hast, aber eine viel zu enge Duschkabine?

Wie spiegelt sich das im Barefoot Hotel wider?

MIRKO STEMMLER: Es ist ein Haus, das nicht die übliche Kategorisierung benötigt. Tils Lifestyle lässt sich nicht in Sternen ausdrücken. Es ist für Menschen, die das Individuelle suchen, sich gleichzeitig entspannen möchten – und das zu moderaten Preisen. Die Spanne bei unseren Zimmern reicht von 90 bis 300 Euro. Das muss man an der Ostsee auf diesem Niveau erst mal finden.

Wie stark hat sich das Innenleben verändert?

MIRKO STEMMLER: Mit mehr als 100 Jahren gehört das Haus zu den ältesten Bauwerken in Timmendorfer Strand. Es wurde mehrfach erweitert und umgebaut. Wir haben die ursprüngliche Aufteilung mit 57 Zimmern und nunmehr 120 Betten erhalten, allerdings viele neue Wände eingezogen und das Dach nahezu vollständig erneuert. Hinzu kommen ein Spa, ein Loungebereich mit Kamin, ein Restaurant, das es bislang nicht gab, und ein Barefoot-Living-Shop.

Greifen Sie da auf die Erfahrungen mit Tils Deli in Hamburg zurück?

MIRKO STEMMLER: In jedem Fall. Es ist eine ähnliche Karte, ergänzt mit regionalen Gerichten. Ein Ostseegast erwartet einfach den Matjes mit Bratkartoffeln. Unser Küchenchef hat einige Zeit im Barefood Deli verbracht. Und auch Til hat höchstpersönlich gezeigt, wie er seine allseits beliebte Bolognese-Sauce macht.

TIL SCHWEIGER: Ich bin so oft wie möglich da, aber es hängt natürlich davon ab, ob ich gerade drehe. Ich bin ein Filmemacher, der nie ein ganz normales Leben führen wird. Ich hatte auch nie den Plan, unternehmerisch ein Restaurant oder Hotel zu betreiben. Das hat sich einfach ergeben, weil ich eine große Befriedigung daraus ziehe, produktiv zu sein und mich neuen Herausforderungen zu stellen. Und letztlich resultieren diese Raumwelten alle aus dem ursprünglichen Impuls, meine Filmsets und die dort verwendeten Produkte auch außerhalb des Kinos erlebbar zu machen. Aus dieser Entwicklung resultierte 2014 auch die Gründung meines Onlineshops Barefoot Living. Die Ideen und das Produktbewusstsein waren ganz entscheidend bei der Planung des Delis wie des Hotels …

MIRKO STEMMLER: … auf Barefoot Living aufzubauen, ist ein ganz wesentlicher Punkt unseres gemeinsam weiterentwickelten Konzeptes. Es bedeutet: Wir setzen bei Tils Möbeln und Wohnaccessoires auf langfristige Partnerschaften mit Manufakturen. Die Stühle und Betten werden beispielsweise von Very Wood in der Nähe von Venedig gefertigt, die TV-Möbel in einem Familienbetrieb in Lübeck. Von Mallorca beziehen wir unsere Lampen. Und die meisten Dinge kann man im hoteleigenen Shop kaufen.

Die schwarzen Zimmertelefone sehen aus wie aus dem vergangenen Jahrhundert …

MIRKO STEMMLER: Das Retrodesign kommt aus England und ist innen ausgestattet mit der modernsten Technik. Das gilt für das ganze Haus. Während die Treppenstufen wie vor 100 Jahren knarzen und überall diese zeitlose Natürlichkeit vorherrscht, sind wir in digitaler Hinsicht auf dem höchsten Level. Es läuft alles über Flatscreen und Handy. Die Musikanlage von Bose ist überall im Haus ansteuerbar.

TIL SCHWEIGER: Es ist alles durchkomponiert, wie bei meinen Filmen. Ich muss mich wohlfühlen, und die Sachen sollten zusammenpassen. Mit goldenen Wasserhähnen kann ich einfach nichts anfangen. Es ist bei mir immer ein Mix aus Skandinavien, Mallorca und den amerikanischen Hamptons. Ich möchte das gar nicht näher definieren. Aber ich spüre: Diese Leichtigkeit und das Strandhausflair passen hervorragend hierher, vom Hotel aus sind es schließlich nur ein paar Meter bis zum Meer.

MIRKO STEMMLER: Für mich schließt sich ein Kreis. Ich habe hier im Ort vor mehr als 20 Jahren – vor meinem Betriebswirtschaftsstudium – eine Ausbildung zum Hotelfachmann absolviert. In der Zwischenzeit war hier vieles veraltet, doch jetzt spürt man überall neue Ansätze. Ich bin davon überzeugt, dass unser Barefoot Hotel eine starke Benchmark für die Zukunft der Lübecker Bucht setzt.

PHILOSOPHIE

BARFUSS AM MEER

Von einer jahrhundertealten Ostseeperle zum Barefoot Hotel Timmendorfer Strand

Wer einen verborgenen Schatz freilegen möchte, der sollte vieles mitbringen: Ausdauer, Zähigkeit, ungezügelte Fantasie und vor allem die Bereitschaft, Umwege in Kauf zu nehmen und auch riskante Pfade einzuschlagen. Damit am Ende des Weges etwas entsteht, das man sich anfangs anders ausgemalt hat, das aber genau deshalb in seinen überraschenden Ausmaßen und den vielen hinzugekommenen Anstrichen umso schöner wirkt.

Das Barefoot Hotel Timmendorfer Strand erstrahlt auf den ersten Blick wie ein Neubau – mit luftigen Veranden aus Holz und einer Fassade in frischen Grau-Weiß-Schattierungen. Die Vergangenheit, der ursprüngliche Zustand des Gebäudes, ist nur noch zu erahnen, wenn man alte Ansichten aus den Zwanzigerjahren betrachtet. Auf solchen Postkarten, Schwarzweiß und mit typischer Zackenumrandung, kann man auch sehen, wie damals die ersten Feriengäste den Strand in eine Sommerpromenade verwandelten: Damen und Herren in heller, feiner Garderobe, die Sonnenschirme aus Stoff vor einer zart bewölkten Himmelswand schwenkend.

Es waren zunächst nur die wohlhabenden Städter, Fabrikanten und Kaufleute, die sich die seelufthaltige Sommerfrische leisteten – was in prächtigen Strandvillen entlang der Ostseeküste Ausdruck fand. Malerisch wie in einer Erzählung von Thomas Mann, dem Weltliteraten, der in Lübeck geboren wurde – und der oft mit Mappe, Stiften und Büchern im ge-

liebten Strandkorb saß, um mit Blick auf die Ostsee zu schreiben. Dabei trug er die Kleidung, in der es den Männern in jenen Pioniertagen des Strandvergnügens erlaubt war, sich der Frauenwelt in ihren verhüllenden Röcken zu zeigen: bedeckter Oberkörper in Form eines dunklen Badeanzuges mit freien Armen, korrekte Kniebekleidung mit Strumpfbändern, elegantes weißes Schuhwerk.

Die erste Ansiedlung in der Lübecker Bucht lässt sich bis auf das Jahr 1260 zurückführen, als dort mit Klein Timmendorf erstmals ein Ort urkundlich erwähnt wurde. Ein Siedler mit dem Namen Timmo, so die Vermutung, hatte sich am Meer niedergelassen, unweit des florierenden Lübecks, der rund 100 Jahre zuvor gegründeten ältesten deutschen Hafenstadt. Die Wandlung von einer Fischer- und Bauernsiedlung zum neuen Ort Timmendorfer Strand setzte um 1880 ein. Und zu den ersten großen Gästehäusern zählte das um die Jahrhundertwende erbaute Dryade, ein Hotel mit den typischen Merkmalen der kaiserlichen Bäderarchitektur.

Diese prägte schon in den Jahrzehnten zuvor die mecklenburgische Ostseeküste, wo in Orten wie Heiligendamm oder Usedom, in der Nähe zur preußischen Hauptstadt Berlin, mondäne, klassizistisch geprägte Seebäder entstanden waren. Die ersten Hoteliers an der holsteinischen Küste orientierten sich an den architektonischen Pioniertaten im Osten, übernahmen etwa die Balkone mit ihren Dreiecksgiebeln und dem verspielten Schnitz-

werk, reicherten sie aber mit norddeutschen Eigenarten an.

Bei seinem ersten Besuch in Timmendorfer Strand sah Til Schweiger ein Gebäude, das mit dem Hotel Dryade äußerlich nichts mehr gemein hatte. Zu Beginn der Wirtschaftswunderzeit, im Jahr 1951, hatte der Ort den Titel „Ostseeheilbad" erhalten. Und als immer mehr Feriengäste aus ganz Deutschland die Küsten bestürmten, war das Haus mehrfach erweitert worden. Unter dem Namen Meridian verfiel das ursprüngliche Flair schließlich in eine Art Dornröschenschlaf. Nicht hinter einer Dornenhecke versteckt, sondern überzogen von Betonsünden, Zimmeraufstockungen und einem gesichtslosen Fassaden-Patchwork. Jahrzehntelang war das der vorherrschende Baugeist in den boomenden Nord- und Ostseeorten. Die Besinnung auf die eigene Geschichte, verbunden mit Erkenntnissen des Denkmal- und Naturschutzes, führt erst allmählich zum Umdenken – und zu ästhetisch anderen Lösungen bei Architekten und Ortsplanern. Til Schweiger sah das Objekt zunächst aus ganz persönlicher Sicht, gespeist aus seiner Leidenschaft für Interior Design und den Erfahrungen, die er als international vernetzter Filmemacher bei vielen Hotelaufenthalten in aller Welt gesammelt hat.

Von außen knüpft das Barefoot Hotel wieder stark an die Gründungsära an. Auch drinnen gibt es jede Menge Reminiszenzen an Ostseetraditionen und den Charme der frühen Thomas-

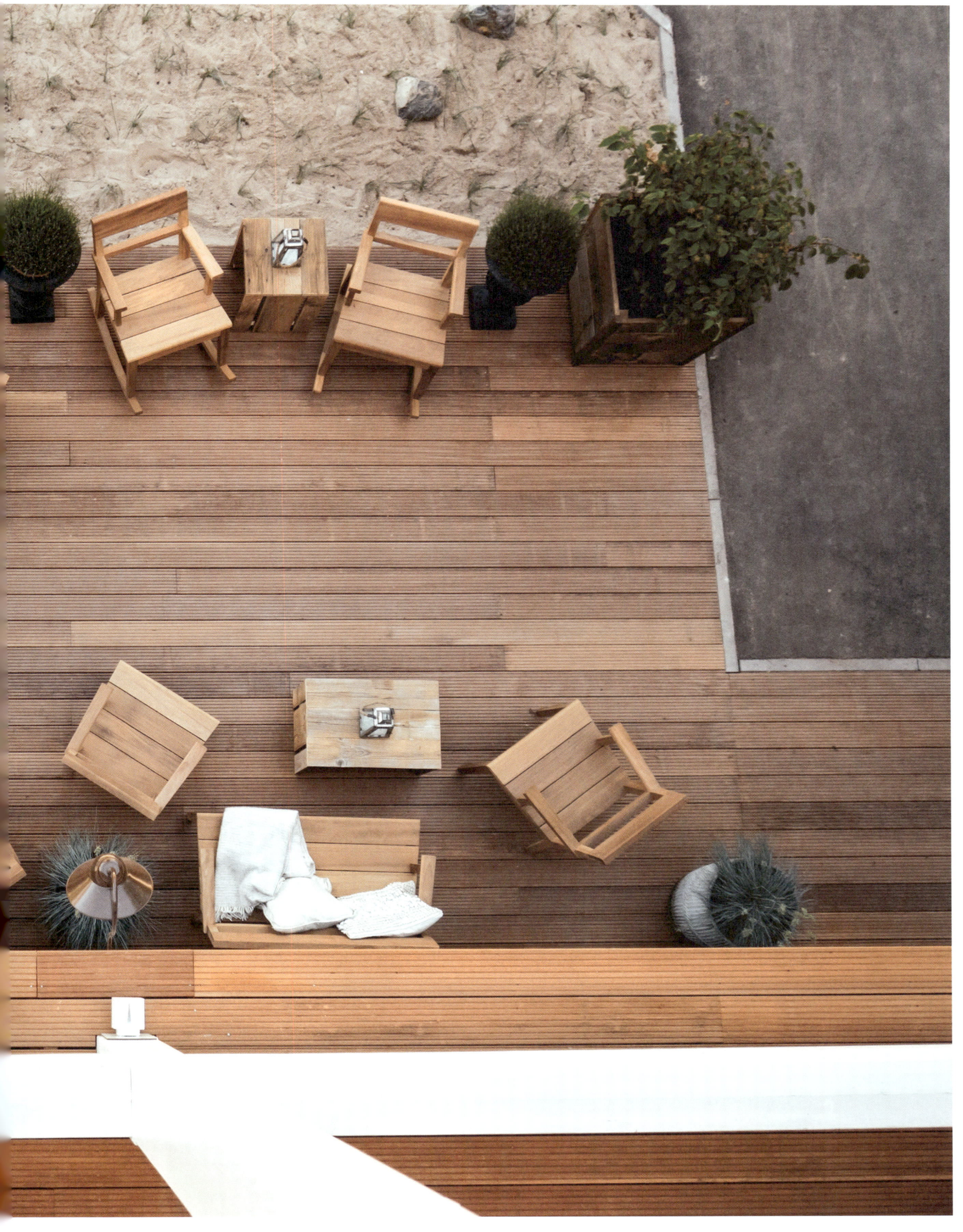

Mann-Welt, aber eben nicht nur. Long Island und Malibu, Mittelmeer-Leichtigkeit und nordische Klarheit: Eine Essenz aus all dem prägt den Wohnstil von Til Schweiger, und deshalb sind die charakteristischen Spuren auch in allen Fluren und Räumen des Timmendorfer Domizils auszumachen. Damit sie zur Geltung kommen, war zunächst jedoch ein wesentlicher Schritt nötig. Das Ostseelicht! Eine natürliche Kraftquelle, die man unbedingt nutzen wollte, um den Dornröschenschlaf zu beenden – und den Neubeginn zu gestalten.

Fenster aufreißen, Sonnenstrahlen und frische Luft hinein: Ganz so einfach läuft das in einem verwinkelten, unübersichtlich verbauten Gebäudekomplex nicht ab. Aber das Prinzip zählt. Und der Regisseur, der zugleich ein Lichtbildner ist, hat das gemacht, was auch beim Entwerfen von Kinoillusionen funktioniert. Bei den Dreharbeiten zum Film „Honig im Kopf" fand Til Schweiger ein altes Gutshaus vor den Toren Hamburgs, das alles bot, was er sich an Umgebung für die herzerwärmenden Familienszenen vorgestellt hatte. Doch nach den ersten Testaufnahmen wünschte er sich noch mehr sommerliche Leichtigkeit, die er schließlich mit einer nicht besonders aufwendigen, aber wirkungsvollen Maßnahme erzielte: Er ließ eine Veranda anbauen und verlängerte somit das Wohnzimmer nach draußen, beschienen und moduliert vom milden Sonnenlicht.

Eine Veranda weckt unmittelbar andere Empfindungen als eine blanke Front, die keiner Idee folgt. Die Holzbalkone, die am gesamten Barefoot Hotel neu angebracht wurden, sind schlichter als die verzierten, nach dem Zweiten Weltkrieg entfernten Originale aus dem Jahr 1900. Das schafft einen Hauch Nostalgie, jedoch überwiegt der Eindruck von Frische und Zeitlosigkeit. So betritt man das Haus mit einem Gefühl der Offenheit, dem dann in dem Sinne entsprochen wird, dass man kein gewohntes Hotelfoyer

vorfindet, sondern einen großzügigen Wohn- und Gastrobereich.

Nach wenigen Schritten sticht das Wort „Emma" ins Auge, gedruckt auf das Etikett einer Rotweinflasche. Ein ganzes Depot ist bis zur Decke gelagert. Links davon schweift der Blick in eine offene Küche, in der gerade die abendlichen Gerichte wie Timmendorfer Pannfisch und Zucchini-Spaghetti mit Öl und Knoblauch, passend zum Cabernet „Emma" (oder auch zum 2015er-Jahrgang „Valentin") zubereitet werden. Rechts im Sichtfeld befindet sich eine Bar im warmen Holzambiente, direkt übergehend zu Sitzgruppen, die sich überall im weitläufigen Raum verteilen. Über den Tischen schweben abwechselnd Lampenschirme aus Glas und Korb.

Durch die Anordnung von Pfeilern und Winkeln entstehen zugleich Inseln, die eine gewisse Privatheit gewähren. Jeder frische Tischschmuck ist aus anderen Wildblumen zusammengesetzt. Und hier ist nicht nur der Salzstreuer Standard, sondern auch die eigene Flasche hochwertigen Olivenöls. An den Wänden verlaufen Bänke mit weichen, verschiedenfarbigen Kissen. Die Bilder, die über den Köpfen der Gäste hängen, zeigen Porträts von stolzen Großeltern, Tiroler Urlaubsszenen, lachende Kinder am Strand. Es ist Tils Familienalbum, aber das erkennt man erst auf den zweiten Blick. Einzelne Vintage-Akzente wie die zwei Holzsessel aus einem alten Kino, die auf dem Weg zu den Waschräumen angebracht sind, verstärken den Gesamteindruck des behaglichen und angenehm gelebt wirkenden Mobiliars. Dass die recht kleine Rezeption Teil der Bar ist und somit kaum als solche wahrgenommen wird, rundet das Bild ab. Ein Ort des Ein- und Auscheckens? Nein, hier kann man sich sofort seinen Lieblingsplatz zum Essen, Trinken und Relaxen aussuchen.

Neben der Einrichtung mit ihren gedeckten Tönen und den natürlichen Materialien trägt das Licht der Ostsee

968018
barefood
DELI
Luna
OLIO
OLIO
EXTRA VERGINE
DI OLIVA VENETO
VALPOLICELLA
D.O.P.
100% GRIGNANO

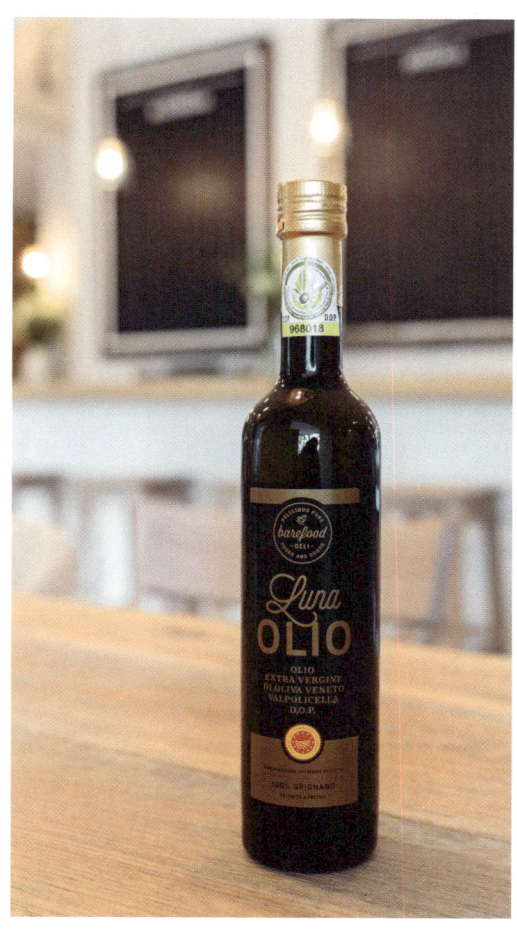

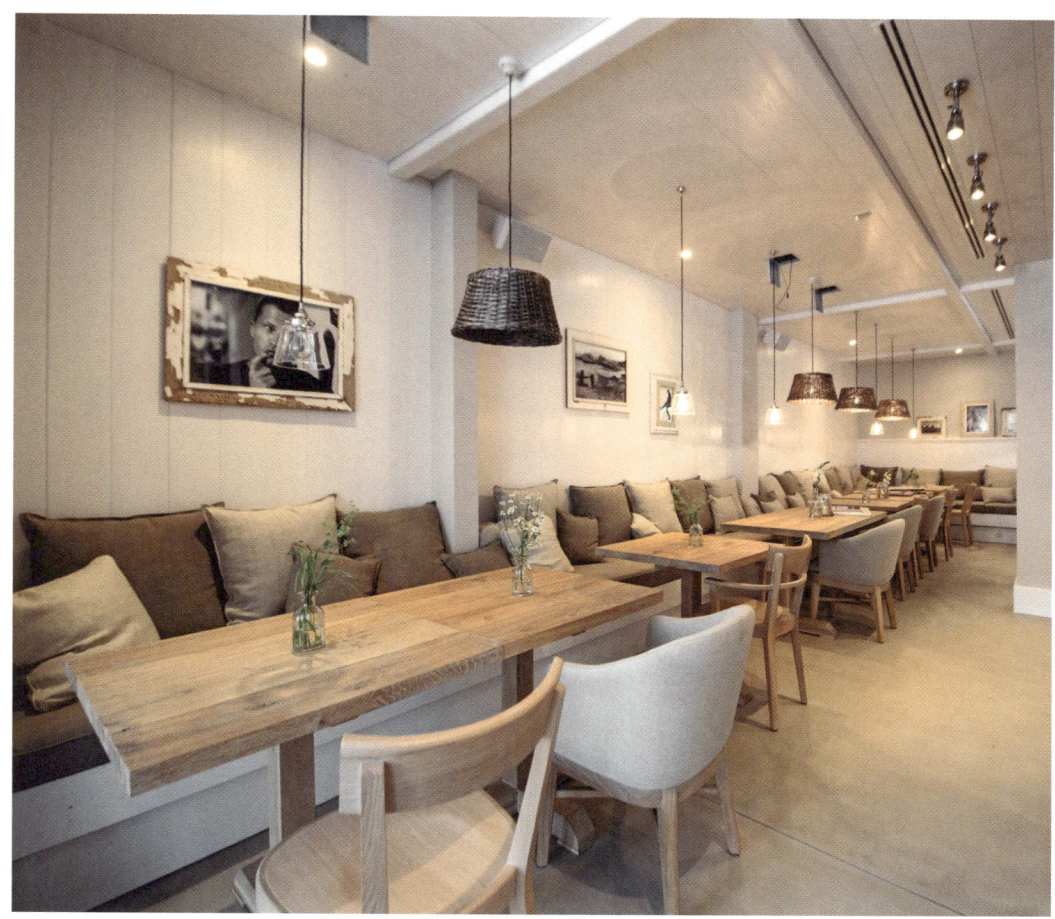

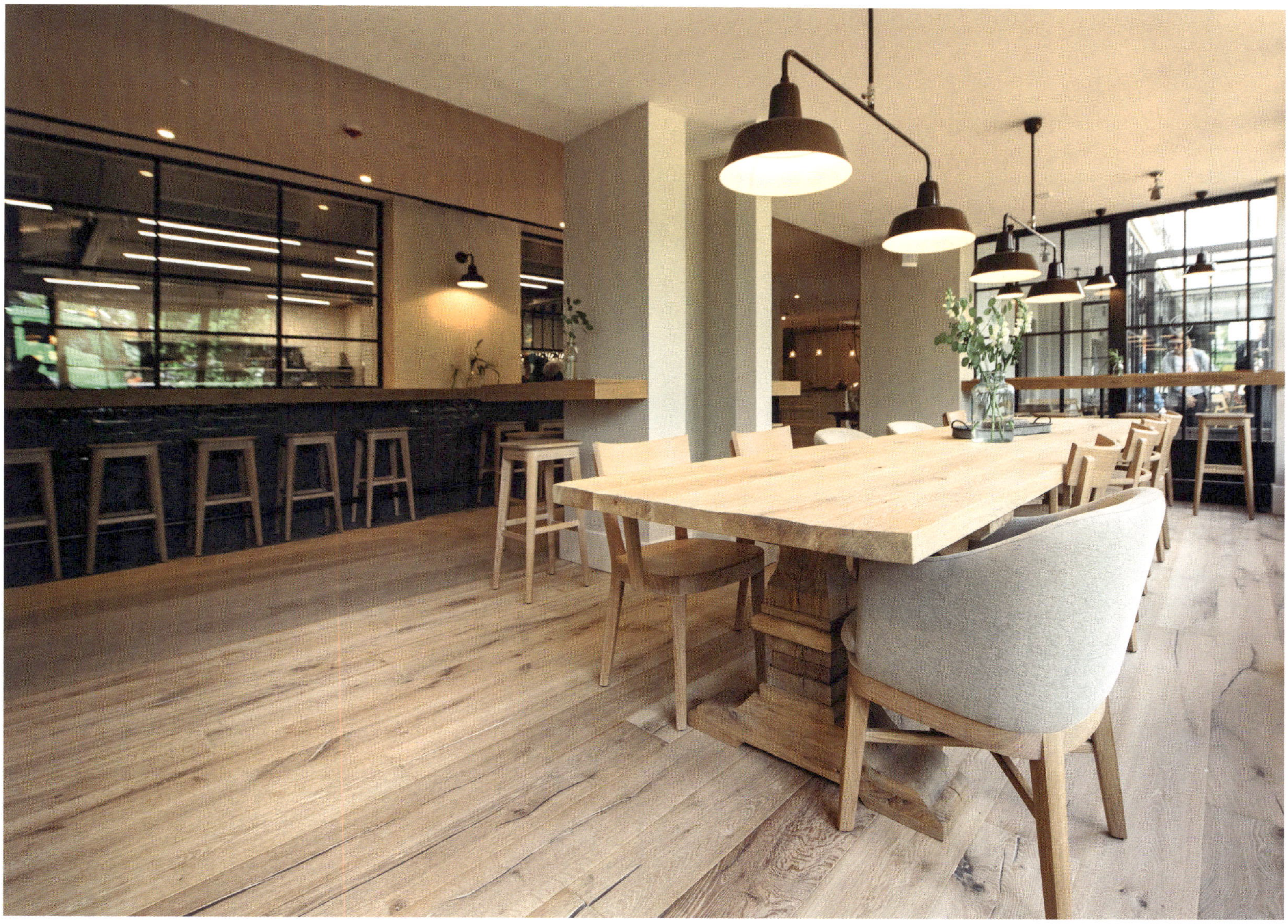

wesentlich zur Rauminszenierung bei. Dafür wurde nicht nur die ursprüngliche Hoteltür verlegt, sondern die gesamte Eingangsfront aufgerissen und durch Vorbauten im durchlässigen Wintergartenstil ersetzt. Diese Öffnung nach außen prägt das gesamte neue Entree. Und spannend ist, wie im weiteren Verlauf auch die unverrückbaren Bauelemente integriert wurden.

Ein Depot mit Weinen aus der eigenen Barefoot-Abfüllung von den Hügeln Mallorcas derart zentral zu positionieren, ist keine Botschaft, die in irgendeiner Weise auf die Trinkgewohnheiten von Betreibern oder Gästen anspielen soll. Denn wer den kleinen Aufzug gleich hinter den Flaschen betritt, versteht den eigentlichen Beweggrund: Hier erscheint die frühere wuchtige Dominanz des Aufzugsschachtes raffiniert verkleinert (und drinnen wohltuend aufgehellt), da nicht einfach eine neue Wand eingezogen, sondern diese aus Weinregalen gestaltet wurde – ein optisch schönes Bindeglied zwischen Küche und Bar. Am Rundtresen schließt sich im hinteren Bereich eine abgesenkte Sitzecke mit breiten Polstern und integriertem Kamin an. Hinabsteigen bedeutet hier: sich niederlassen und zuhause fühlen. Derartige Gestaltungsideen zeigen, wie man Wohlfühlatmosphäre schafft. Eine Lounge-Zone muss nicht ausdrücklich ausgewiesen werden. Man bewegt sich, so wie das gesamte Erdgeschoss angelegt ist, irgendwann ganz selbstverständlich hinein. Dabei wurde hier zugleich eine Altlast auf originelle Weise verarbeitet. Es war der Standort des früheren, tiefer liegenden Hotelschwimmbeckens. Auf dieses hat man bewusst verzichtet. Während ein Pool lange als Prestigeobjekt eines Full-Service-Hotels galt, wird im Barefoot Hotel anders gewichtet: Der Badestrand liegt in fußläufiger Nähe – und für das Naturerlebnis, beim Schwimmen von Salzwasser umspült zu werden, ist man schließlich an die Ostsee gereist. Indoor gibt es dafür einen großzügi-

LIFE IS SHORT
BREAK THE RULES
FORGIVE QUICKLY
KISS SLOWLY
LOVE TRULY
SPANK THE MONKEYS
LAUGH UNCONTROLLABLY
AND NEVER FORGET ANYTHING
THAT MADE YOU SMILE
LIFE MAY NOT BE
THE PARTY WE HOPED FOR
BUT WHILE WE'RE HERE
WE SHOULD
DANCE

gen Spa- und Fitnessbereich mit eigenen Pflegeprodukten sowie modernsten Trainingsgeräten.

Herausforderungen wie die Betonmulde des alten Pools hat es während der Planungs- und Bauphase auf allen Stockwerken gegeben. Sich ihnen zu stellen, war nicht nur eine Notwendigkeit. Bei Til Schweiger, dem Bauherren Mirko Stemmler und allen am Projekt beteiligten Menschen haben auch vermeintliche Barrieren immer wieder die Fantasie gekitzelt, neue und überraschende Lösungen zu finden. Mit insgesamt 57 Zimmern und Suiten ist das Angebot konstant geblieben. Doch das Innenleben hat sich durchgreifend geändert: die Aufteilung der Räume, die Ausgestaltung, die gesamte Atmosphäre.

Der Gast soll in seinem Zimmer ganz unmittelbar zur Ruhe kommen. Er bewegt sich auf einem dreilagig verlegten Eichenfußboden – was barfuß sehr angenehm ist. Flächendeckend. Nirgendwo im Hotelbereich – genauso wenig wie in Schweigers Privathäusern – findet man Teppiche oder Fliesen. Auch die kleinste Zimmerkategorie ist standardmäßig mit einem Oversize-Bett und hautschmeichelnder Leinenbettwäsche ausgestattet.

Der Luxus der Entspannung. Umgeben von Natürlichkeit, Handwerk und wenigen Möbeln, die mit ausgeprägtem Qualitätsbewusstsein verarbeitet sind. Während die meisten Produkte made by Barefoot Living sind – Betten, Lampen, Badutensilien –, tragen die individuell zugeschnittenen Wandschränke die Spuren der nahen Ostsee in sich: Sie stammen überwiegend aus den Brettern der alten Seebrücke von Timmendorfer Strand, die 2012 erneuert wurde. Eine Symbolik, die das Haus in der Geschichte dieses berühmten deutschen Ostseebades verankert.

Drinnen spürt man einen Purismus, der nichts vermissen lässt und der einem Raum gibt, durchatmen zu können. Das gilt genauso für die größeren Suiten, erweitert durch Sitzecken und hohe Bettkammern, die mit der Form der historischen, in norddeutschen Bauernhäusern teilweise noch erhaltenen Alkoven spielen, sie aber aus ihrer Enge befreien. In der großen Familiensuite, hoch oben mit Dachterrasse, gehört zum Küstenweitblick auch eine eigene Sauna, die sich in das holzbetonte, helle Umfeld überaus stimmig einfügt.

Das Barefoot Hotel ist ein Ort, um alle Jahreszeiten mit Meeresklima, ob wärmend, erfrischend kühl oder aufbrausend, zu genießen. Denn es bietet beides: die Einbeziehung von Wetter, Landschaft und Licht sowie die Möglichkeit, sich jederzeit zurückzuziehen – in ein wohliges Zuhause auf Zeit.

Für Til Schweiger ist Timmendorfer Strand – ein Ort, den er erst spät für sich entdeckt hat – ein weiteres Stück Heimat geworden. So wie er diesen Begriff versteht: ein Platz, wo er weiß, dass er Freunde trifft und sich frei bewegen kann. Wo die Spaghetti Bolognese genauso schmeckt, als hätte er sie in seiner Finca-Küche selbst zubereitet. Und ja, auch das: wo er nach langem Ausschlafen noch ein spätes Müsli serviert bekommt, um dann spontan an den Strand zu laufen. Oder sich nach draußen zu setzen, um an seinem nächsten Projekt zu arbeiten. Denn das gibt es bei ihm immer: die nächste, übernächste Schatzsuche …

Falls es ein weiteres Hotel sein sollte, muss das nicht zwangsläufig auch an der Küste liegen. Aber man kann sicher sein: Irgendetwas aus der Lübecker Bucht wird er dort als Fundstück sicher wieder auspacken. Und dann in seiner stetig wachsenden Barefoot-Welt aufgehen lassen.

IRIS BERBEN

Til, Du bist viel und viele. Vater von vier wunderbaren Kindern, Schauspieler, Regisseur, Produzent, Sammler von Preisen. Du engagierst Dich gesellschaftlich, laut und ausdauernd. Bist Besitzer eines angesagten Restaurants. Du bist ein leidenschaftlicher, neugieriger, großzügiger, wagemutiger und filmbesessener Mensch. Du erfüllst Dir Deine Träume – oft auch die der Anderen!
Dein neuester Traum ging gerade in Erfüllung – das Barefoot Hotel.
Dazu mein aufrichtiger Glückwunsch.
Auch diese Stufe wirst Du nehmen, denn Du hast – wie immer – alles aus Überzeugung und Liebe gemacht.
Keep on dreaming!

TODAY

FREE

HUGS

INSPIRATION

KLOPFEN AN DER HIMMELSTÜR

Die Welt von Til Schweiger: Filme machen, Räume designen, Erlebnisse schaffen

Endlich am Meer. Am Ziel. Die Freunde sacken in den Sand. Erschöpft. Eine anstrengende, aufregende Zeit liegt hinter ihnen. Jetzt schauen sie nur noch auf den unendlichen Himmel. Schweigend. Die salzige Luft in der Nase, auf der Zunge, an den Wangen – nichts anderes fühlt sich so an. Der Wind in den zerwühlten Haaren. Rau und zugleich auf eindringliche Art besänftigend. Das Schweigen wird intensiver, bis der Kopf von Rudi (Jan Josef Liefers) sich wie in Zeitlupe zur Seite neigt und auf der Schulter von Martin (Til Schweiger) zur Ruhe kommt. Er ist bereit für seine letzte Reise. Ende. Abspann. Bob Dylans Song „Knockin' on Heaven's Door" setzt ein und untermalt das Schlussbild des gleichnamigen Filmes aus dem Jahr 1997.

Til Schweiger ist seitdem weit gekommen. Dieser Blick, durch wogende Schilfgräser auf die Wellen und den Horizont mit seinen dramatisch schönen Schattierungen in Blauweiß gerichtet, dieser Sehnsuchtsblick bleibt eine Konstante. Weit mehr als nur eine stimmungsvolle Kameraperspektive. Er ortet den Filmemacher und schenkt dem Menschen, der hinter allem steht, immer wieder Momente des Ankommens. Egal, wo er gerade herkommt. Oder wo es ihn hinzieht. Malibu am Pazifischen Ozean. Hamburger Elbvorort. Mallorca, sein Inseldomizil: Das sind Til Schweigers Wohnorte der zurückliegenden 20 Jahre, alle sehr

unterschiedlich, jedoch keiner weit entfernt vom Meer.

Barfuß. Die Küste entlang. Tief durchatmen. Weitergehen. Aufbruchstimmung. Und zugleich wissen, wo man sich zuhause fühlt. All das hat ganz wesentlich zu tun mit jener tragikomischen Abenteuerreise zweier todkranker Männer, die an der holländischen Nordseeküste schließlich ihr Glück und ihren sehr persönlichen Zugang zur Himmelstür finden. Ein verrücktes, berührendes Roadmovie; ein Genre, das auf den amerikanischen Highways, zwischen Grand Canyon und Golden Gate Bridge seinen festen Mythenplatz hat. Aber auf nordrhein-westfälischen Landstraßen? Und ersponnen aus einer Handvoll D-Mark, Ruhrpottganoven und skurrilem Humor? Til Schweiger glaubte an die Geschichte und sein erstes eigenes Filmprojekt. Es war ein Wagnis für den erfolgsverwöhnten jungen Schauspielstar, bekannt aus Komödien wie „Der bewegte Mann", doch für seinen Mut wurde er schließlich umso reicher belohnt: mit seiner Unabhängigkeit. Denn der phänomenale Erfolg von „Knockin' on Heaven's Door" gab seiner Karriere die entscheidende Kursrichtung: weg vom reinen Darsteller mit stets schwankendem Boden unter den Füßen hin zum Drehbuchautor, Regisseur und Produzenten seiner Werke. Inzwischen laufen alle Fäden unter dem Dach

seiner Firma Barefoot zusammen, vom ersten Skript über Sound und Besetzung bis zum kleinsten Ausstattungsdetail.

Film: Keinohrhasen

Schon bei seinem Produzentendebüt legte Til Schweiger trotz begrenzten Budgets größten Wert auf den Look und kümmerte sich von Anfang an intensiv um Konzept und Ausführung des Setdesigns: „Der Film sollte optisch eine märchenhafte Aura bekommen, und dann muss man so fotografieren und inszenieren, dass alles etwas größer aussieht." Experimentierlust, Neugierde, Intuition. „Die Affinität zum Einrichten und Gestalten war bei mir früh ausgeprägt. Und schon als Kind habe ich Tischler und Zimmermänner bewundert", so der Lehrersohn, der mit zwei Brüdern in der Nähe von Gießen aufwuchs. Design, Architektur und Kunst waren präsente Themen in der Familie. Eine Tante lebte als Malerin im italienischen Como, die Besuche während der Sommerurlaube in Italien gehören zu den prägenden Jugenderinnerungen

der Schweiger-Brüder. Zeichnerisch am talentiertesten und auch handwerklich sehr geschickt ist Nikolaus („Nik"), der Jüngste, zu dem Til ein besonders enges Verhältnis hat, was sich auch immer wieder in gemeinsamen Projekten ausdrückt. Unter der Marke Barefoot Design arbeitet Nik Schweiger heute in Berlin als vielfach ausgezeichneter Designer und Innenarchitekt. Leidenschaftliche Cineasten und Lichtbildner sind beide Brüder: der eine mehr auf der Leinwand, der andere mit seinen Lampen sowie den Licht- und Raumkonzepten, doch bei sehr durchlässigen Übergängen. Til Schweiger inszeniert, komponiert und designt im weitesten Sinne. Ihn nur als Regisseur zu bezeichnen, würde seiner Arbeit nicht gerecht werden.

Für den gefühlsintensiven Showdown seiner romantischen Komödie „Zweiohrküken", zwölf Jahre nach der Pioniertat von „Knockin' on Heaven's Door", wählte der Filmemacher erneut eine Meereskulisse: Leba an der polnischen Ostsee. Doch diesmal ließ er eigens ein Häuschen in die Dünen bauen, wo sich der von Til Schweiger gespielte Ludo traurig und aufgewühlt in eine Wolldecke schmiegt, um seiner großen Liebe Anna (Nora Tschirner)

einen Brief zu schreiben. Während die Kamera durch die Scheiben der einfachen, behaglichen Holzhütte die urtümliche Küstenlandschaft einfängt, verwischen die zeitlichen Ebenen: Erinnerungen an traumhafte Tage zu zweit am menschenleeren Strand, rauschhaftes Verliebtsein, zugleich Verzeihen und Hoffnung auf einen Neubeginn. Gestern, heute, morgen: Es ist erneut die weite See und das eingefangene Wohlgefühl, das die unterschwelligen Empfindungen der Protagonisten hervorholt – und zu Bildern verdichtet.

Die Elbe ist ein mächtiger Fluss, der sich durch Hamburg und seinen großen Hafen schlängelt, um schließlich in die Nordsee zu münden. Das Falkensteiner Ufer, flussabwärts nahe des Vorortes Blankenese gelegen, gehört zum Binnendelta der Elbe und bildet hier eine besonders reizvolle Landschaft aus breitem Sandstrand und waldigem Hinterland. Diese Stelle nutzte Til Schweiger, dessen Wohnhaus sich nur wenige Kilometer entfernt befindet, für eine Szene des Filmes „Honig im Kopf": Amandus, der liebenswerte, demente Großvater (Dieter Hallervorden) unternimmt mit seiner Enkelin Tilda (Emma Schweiger),

Sohn Niko (Til Schweiger) und dem zotteligen Familienhund einen Ausflug. Es sind Bilder des unbeschwerten, kindlichen Herumtollens, das die drei Generationen für einen kurzen Augenblick zusammenschweißt und aus ihrem zänkischen Alltag befreit, alles eingetaucht in mildes Spätnachmittagslicht. Dabei verströmt der Elbstrand auf einmal eine geradezu mediterrane Magie. Und eine Traumvision – bevor Tilda tatsächlich mit ihrem geliebten Opa eigenmächtig Richtung Mittelmeer, nach Venedig, aufbricht, um ihn vor der vermeintlichen Einweisung in ein Altersheim zu bewahren. Die zeitlose, märchenhafte Aura, die Til Schweiger von Anfang an anstrebte, erreicht in der Tragikomödie „Honig im Kopf" ein neues Qualitätslevel. So nachhaltig wie zuvor in keinem anderen seiner Filme ist hier das visuelle Credo eines Schweiger-Filmes manifestiert: Der Zuschauer soll sich entspannt satt sehen an erdverbundenen, warmen Farben, eintauchen in einen Schwebezustand zwischen Realität und kunstvoller Überhöhung, die Bilder mit eigenen Erlebnissen im Kopf anreichern und schließlich mit einem guten Gefühl aus dem Kino gehen.

Kino ist ein Ort der Träume. Diese werden übergroß in einen dunklen Raum projiziert und gemeinschaftlich erlebt, ohne dass etwas von dem fesselnden Geschehen auf der Leinwand ablenkt (was in Zeiten mobiler Minibilderfluten und digitalem Multitasking seine Faszination nicht verlieren wird). Auch ein Hotel, dieses inszenierte Zuhause auf Zeit, ist ein Ort, der zum Träumen verführen kann. Das Barefoot Hotel allemal. Denn wer hier eintaucht, entdeckt ganz unmittelbar die ästhetischen Prinzipien des leidenschaftlichen Kinomannes Til Schweiger und jede Menge Gestaltungselemente, die einem aus seinen Inszenierungen fürs Kino sehr vertraut sind.

Das Hotel befindet sich nicht direkt am Strand. Doch ein einfacher, aber wirkungsvoller Regieeinfall hat dafür gesorgt, es atmosphärisch mit der nahen Ostsee zu verankern. Wo früher Parkplatzbeton das Vorgängerhotel prägte, herrscht jetzt maritime Leichtigkeit: Im Eingangsbereich wurden Holzbohlen verlegt, auf denen sich Sitzgruppen, Seekisten, Schaukelstühle und Kerzenleuchten zwischen angepflanztem Schilf verteilen. Es ist eine Mischung aus Schiffsdeck und Terrasse, die mit der komplett erneuerten Fassade und ihren angesetzten weißen Holzbalkonen harmoniert. East meets Ost. Optisch eine reizvolle Kreuzung aus dem luftig-eleganten Stil der amerikanischen East Coast und der Architektur der Kaiserbäder entlang der deutschen Ostseeküste, werden das Haus und seine großzügige, an den Kurpark von Timmendorfer Strand grenzende Außenanlage nun viel stärker ihrem Charakter als Ort der Entspannung und Ruhe gerecht. Die belebte Promenade mit großer Hotel- und Gastrodichte liegt in sicherer Lärmschutzentfernung. Gleichzeitig ist das Meer so nah, dass die durch Salz, Küstenflora und erfrischende Mineralien angereicherte Luft im Umkreis des Barefoot Hotels ihre beruhigende Wirkung vollends entfalten kann.

Auf diesen Brettern würden sich all die suchenden und liebesverwirrten Menschen aus den Schweiger-Filmen sofort wohlfühlen: die melancholischen Männerfreunde Martin und Rudi. Der ewig große Junge Ludo. Ganz sicher auch die hochsensible, bezaubernd von Johanna Wokalek gespielte Leila in „Barfuß", die aufgrund eines Kindheitstraumas Schuhe als Fesseln empfindet und sich überall auf nackten Füßen fortbewegt. Ihre anrührende Geschichte, die 2005 ins Kino kam, gab den vielfältigen Schweiger-Aktivitäten schließlich den Namen, der inzwischen längst zu einer Lifestyle-Marke geworden ist: Barefoot.

„Ich möchte die Räume, in denen ich mich aufhalte, prinzipiell so gestalten, dass ich dort jederzeit barfuß laufen kann. Das ist mein Inbegriff von Wohlfühlen." – In seinen Kinogeschichten ist dieser Schweiger-Leitsatz an vielen Schauplätzen allgegenwärtig. In der Kuschel-Kita von „Keinohrhasen", über der ein Hauch von Bullerbü liegt, genauso wie in dem weitläufigen Loft von „Kokowääh", der nicht wie die x-te obercoole Berliner Eventagentur aussieht, sondern Wärme im Industriehallenambiente entstehen lässt. Seinem Ideal aber kommt er im Stadt-Land-Wechsel von „Honig im Kopf" am nächsten. Während sich die für das Amandus-Tilda-Gespann bedrohlichen Szenen in kühlen Hamburger Büros und Arztpraxen abspielen, dient ein altes holsteinisches Gut nahe Bad Oldesloe als Ort des familiären Rückzuges und der traurigen, aber immer wieder auch herzerfrischenden Momente, in denen sich der orientierungslose Großvater und das aufgeweckte Kind ganz nah sind. Hier fanden Til Schweiger und seine vertraute Setdesignerin Isabel von Forster passende Räume, die viel Tageslicht hereinlassen und angefüllt sind mit Dingen, die allesamt Geborgenheit, Natürlichkeit und Individualität ausstrahlen.

Versammelt ist die Familie in der Wohnküche um einen riesigen Tisch, den Isabel von Forster eigens anfertigen ließ: Die Platte aus naturbelassenem recyceltem Holz ist eingerahmt von einem alten Eisengestell. Er riecht förmlich nach Spänen und Kaminfeuer, Handwerk und Schmiedeeisen. Darüber hängen rustikale, an Kordeln befestigte Lampenschirme, an den Wänden ein Sammelsurium aus Gusspfannen und Kochutensilien. Der modernisierte Charme früherer Bauernküchen ist durchsetzt von vielen Elementen nordischen oder mediterranen Ursprungs und aufgeheitert von hellen Farben; so stammen etwa die Tassen und Teller aus einer mallorquinischen Manufaktur. Das alles befindet sich im Hier und Heute. Es ist keine Retrokulisse, sondern basiert auf zeitloser Haptik und einer Wertigkeit, die aus erhaltenswerten Traditionen erwächst.

Vor der Produktion von „Honig im Kopf" hatte die Schweiger-Familie ein zweites, mit dem Flieger von Hamburg aus schnell zu erreichendes Domizil bezogen: eine 300 Jahre alte Finca auf Mallorca. Und wie gewohnt bei seinen Objekten hatte der Hausherr zuvor zahlreiche Umbauarbeiten durchführen lassen, damit das Anwesen seinen Bedürfnissen und seiner Vorstellung eines entspannten Lebens nach Drehschluss entspricht. Offener Koch- und Wohnbereich, gemütliche Nischen und Leseecken, große Betten, einladende Gästezimmer und Bäder – all das signalisiert: Freunde und liebe Kollegen sind hier zu jeder Zeit willkommen. Es gibt keine abgeschlossenen Bereiche. Hier soll man sich frei bewegen können. Und Til Schweiger freut sich, wenn das angenommen wird und sich die Menschen in seiner Gegenwart und in seinem Haus wohlfühlen: „Ein Abend draußen unterm Sternenhimmel, in großer Runde am Tisch, Pasta und Salate, verschiedene Weine, Lachen und entspannte Gespräche, das macht mich glücklich. Und da finde ich als ein sehr umtriebiger Mensch, der viel arbeitet, auch meine Ruhe."

Die typische Unruhe, diese schnell hochfahrende Til-Energie ist jedem aus seinem Filmteam sehr vertraut. Ein Tag hat bei ihm immer mehr als 24 Stunden. In Phasen des Einrichtens und Umbauens, beim Aussuchen der Möbel, Skizzieren und Designen ist das nicht anders. Und seine Mitstreiter sind stets aufs Neue herausgefordert, auf die sprudelnden Ideen und auch die Detailversessenheit zu reagieren. Dabei ist jeder Ort für den Regisseur und Gestalter eine neue Erfahrung, die seinen inneren Fundus anreichert.

Zu Beginn seines mehrjährigen Aufenthaltes in Los Angeles, mit Auftritten in Action-Blockbustern („Lara Croft") wie in Independent-Dramen, bezog der Vater von vier Kindern eine Villa in Malibu. Der Blick auf den bisweilen sehr stürmischen Pazifik – ganz nach seinem Geschmack. Doch wohnen wie ein Westküsten-Hollywoodstar wollte er deshalb nicht: „Es war eine typische Villa aus den Siebzigerjahren. Als erste Maßnahme habe ich dort einen Holzboden eingelegt, mit alten Brettern von der Ostküste, aus Maine. Da waren die Nägel noch drin. Als der Lkw eintraf, wollte mein Bauleiter die Ladung schon zurückschicken. Das sei doch Müll, meinte er. Da habe ich eingreifen müssen. Und als die Bretter später verlegt waren, sah es drinnen so aus, als stehe das Haus dort schon seit 200 Jahren." Eine maßgebliche Inspiration war der Stil der Hamptons. Und das Interieur der hölzernen Strandhäuser auf Long Island, luftig und unkompliziert, spiegelte sich nach aufwendigem Umbau schließlich auch im Malibu-Anwesen wider, dessen warme, natürliche Farbgebung an angeschwemmte Muscheln im Dünensand erinnert.

Wer die Schweiger-Häuser in Hamburg und auf Mallorca durchschreitet, spürt viele Gemeinsamkeiten und neben der großen Liebe für die Hamptons und den skandinavischen Holzhausstil finden sich auch durchaus einige Mitbringsel kalifornischer Leichtigkeit. Das Treibgut am Zuma Beach von

Malibu unterscheidet sich wenig von dem an den Stränden der Balearen. Und alte Schiffsplanken, die das Salzwasser ausgewaschen und gezeichnet hat, eignen sich hervorragend, um daraus Möbel zu fertigen. Genau wie kleine Holzstücke, Kettenglieder oder Nägel gut als Gestaltungselemente mit meergetränkter Patina herhalten. Bei seinen Erkundungen während der mehrmonatigen Bauphase lernte Til Schweiger aber noch etwas anderes zu schätzen: regionale Produkte und traditionsreiche Manufakturen, von denen es auf der Touristeninsel noch einige gibt. Von Besuchen in einer Keramikmanufaktur oder einem bereits 400 Jahre alten Burgbetrieb, in dem Glasobjekte noch mit dem Mund geblasen werden, war der Insel-Neubewohner so begeistert, dass er sich individuelle Produkte fertigen ließ: „Ich

liebe gutes Handwerk und vor allem die Menschen, die dieses mit Passion betreiben."

Umgeben von all diesen schönen, handgefertigten Dingen und inspiriert von Gesprächen über Materialien, Herkunft und Qualität entstand während einer ausgiebigen Tafelrunde unter Finca-Bäumen die Idee zu Barefoot Living. Es machte einfach Sinn, wie so vieles im bisherigen Leben von Til Schweiger: Wieso nicht das, was seine Lebens- und Filmwelt auszeichnet, in einer eigenen Kollektion aus Wohnaccessoires und ausgesuchter Kleidung zusammenfassen? Entsprechende Anfragen von Fans hatte es immer wieder gegeben. Doch entscheidend war, dass aufgrund der Erfahrungen bei der umfassenden Neugestaltung der Finca die Leidenschaft des Machers und Unternehmers

entfacht war. Als Kopf einer erfolgreichen Filmproduktionsfirma lebt Til Schweiger diese ohnehin täglich vor. Und da er jemand ist, der gerne Neues ausprobiert und die Sache dann konsequent vorantreibt, ging Barefoot Living im Herbst 2014 als Onlineshop an den Start. Die Waren, allesamt saisonunabhängige Unikate, stammen überwiegend aus kleinen Familienbetrieben und Manufakturen. Zu deren Erhalt beizutragen – durch direkten Handel ohne Zwischenhändler – ist wesentlicher Teil der Firmenphilosophie: „Ich habe auf Mallorca selbst an der Töpferscheibe gesessen, als wir nach dem Look meines Geschirrs ‚Sandy Beach' gesucht haben. Solche Betriebe kämpfen ums Überleben, weil auch die traditionelle Keramik für die Touristen auf der Insel immer stärker industriell angefertigt wird."

Der Küchentisch aus dem Film „Honig im Kopf" gehörte seinerzeit zu den ersten angebotenen Produkten. Das Original hat heute seinen zentralen Platz als Präsentationsfläche im hoteleigenen Shop in Timmendorfer Strand, der von der Setdesignerin Isabel von Forster gestaltet wurde. Hier können Gäste ein Stück von der Barefoot-Atmosphäre nunmehr direkt mit nach Hause nehmen – von der handbemalten Frühstücksschale über den Kaschmir-Strandpulli bis zum Abendbrotbrett mit Tils Brandzeichen. Dass die Barefoot-Waren sowohl im gleichnamigen Hotel als auch im Restaurant Barefood Deli, eröffnet Ende 2016 in der Hamburger Innenstadt, angeboten werden, erscheint als konsequente Weiterführung einer stufenartig angelegten Geschäftsstrategie. Der Einzige, der da widerspricht, ist der Erfinder selbst. „Nein, einen solchen Plan gab es bei mir nicht. Da hat sich einfach das eine aus dem anderen ergeben."

Als visueller Mensch, der vor und hinter der Kamera agiert, verfügt Til Schweiger über ein ausgeprägtes räumliches Denken. Er kann sich Wände ausmalen, wo keine sind. Umgekehrt genauso: spüren, was hinter Mauern liegt. Und was passiert, wenn man sie einreißt und den Raum öffnet. Ein Akt, der die Sinne weitet. Für neue Anreize und Ideen. Für die Bereitschaft, das Unerwartete zuzulassen.
Bei der ersten Besichtigung des Hotel-Altbaus genügte ein Foto, also wiederum ein optischer Reiz, der Til Schweiger aus dem Bauch entscheiden ließ: „Ich mache es." Die Aufnahme

zeigte den Urzustand des um 1900 errichteten, später mehrfach umgebauten Hotels Dryade. Und zwar mit hölzernen Balkonen, wie sie in der Gründerphase der Bäderarchitektur üblich waren, die aber in den zweckorientierten, betongläubigen Sechzigerjahren entfernt worden waren. Mit der Vorstellung, sich an dieses Äußere wieder anzulehnen, so Schweiger, sei das Wesentliche plötzlich da gewesen: seine Vision. Das ist es, was ein Filmemacher, ein Künstler, ein Designer braucht, damit er all die anderen Dinge auf dem Weg zum Schaffenswerk entwickeln kann. Den Bauplan, die Aufteilung der Leinwand, die Designskizze, die richtigen Werkzeuge, die Dramaturgie, das Drehbuch …

Möglichweise trug Til Schweiger diese Vision schon in sich, als er vor 20 Jahren in Holland aufs Meer und in eine aufregende Zukunft blickte. Und wenn es nur ein kurzer Gedanke war, der sich im Flügelschlag einer Möwe oder auf einer schäumenden Welle gleich wieder verflüchtigte, dann könnte er ihm später bei einem Strandspaziergang an anderer Stelle erneut zugeflogen sein. Wer weiß das schon so genau …

Das Schöne am Barefoot Hotel: In ihm steckt nicht nur die Vita und mit ihr – unauflösbar – der kreative Geist des Filmemachers Til Schweiger. Es ist hier ein Ort entstanden, der all seinen Gästen viel Raum für ihre Fantasie gibt. Für viele noch nicht erzählte Geschichten. Und auch die noch nicht gedrehten Filme. Das Meer immer im Blick …

WLADIMIR KLITSCHKO

Til, Du bist ein super Beispiel für eine erfolgreiche Karriere nach der Karriere, die ja auch mir am Herzen liegt: Neben Deiner Arbeit als erfolgreicher Schauspieler (u. a. „Der bewegte Mann", „Männerpension", „Knockin' on Heaven's Door", „Inglourious Basterds") etablierst Du Dich zunehmend als Regisseur, Produzent sowie Drehbuchautor und setzt mit Deiner Produktionsfirma Barefoot Films eigene Ideen und Filme um.
Deine eigene Stiftung für benachteiligte Kinder und Jugendliche, Dein Onlineshop Barefoot Living, Dein Restaurant Barefood Deli und nun auch noch das Barefoot Hotel – ich bin beeindruckt ob Deiner Kreativität, Deines Durchhaltevermögens und vor allem Deines Tatendrangs.
Ich wünsche Dir ein immer volles Haus und dass Du auch künftig all Deine Herausforderungen meisterst!

LOCATION

CHRISTINA & VOLKER LIEBRECHT

CHRISTINA'S, TIMMENDORFER STRAND

Was sagen Sie zur Eröffnung des Barefoot Hotels?
Eine absolute Bereicherung für den gesamten Ort und eine besondere Nachbarschaft für Christina's. Schließlich ist das neue Hotel nur zwei Gehminuten von uns entfernt, was uns alleine durch die Lage zu einer guten Zusammenarbeit beflügelt.

Sie betreiben seit den Achtzigerjahren den Shop Christina's. Was versprechen Sie sich persönlich von dem neuen Benchmark-Projekt?
Der Stil des Barefoot Hotels entspricht zu 100 Prozent auch unseren Vorstellungen. Das Angebot in unserem Store passt perfekt zum Barefoot Hotel.

Gibt es bereits Ideen zu gemeinsamen Veranstaltungen und wenn ja, welche?
Ja, wir werden im Herbst eine extravagante Fashionshow im Barefoot Hotel veranstalten. Im Übrigen haben wir uns vorgestellt, den Gästen des Hotels Privatshopping anzubieten.

Wie gefällt Ihnen der Barefoot-Stil?
Ganz hervorragend, wir lieben die Ostküste Amerikas, insbesondere die Hamptons. Wir selber waren schon einige Male dort. Wir mögen die sanften Farben, das schlichte Design und die entspannte Atmosphäre.

Wo, glauben Sie, steht Timmendorfer Strand in ein paar Jahren?
Wir sind uns sicher, dass Timmendorfer Strand auch in Zukunft die Topdestination an der Ostseeküste bleiben wird, natürlich auch unterstützt durch dieses neue, schöne Hotel.

Was wünschen Sie dem Barefoot Hotel?
Alles nur erdenklich Gute und für die Zukunft eine tolle und erfolgreiche Zusammenarbeit.

HATICE KARA

BÜRGERMEISTERIN, TIMMENDORFER STRAND

Was sagen Sie als Bürgermeisterin zur Eröffnung des Barefoot Hotels?

Das Barefoot Hotel mit Til Schweiger steht für Leidenschaft und Herzlichkeit. Eigenschaften, die unsere Gemeinde kaum besser beschreiben könnten. Als Seebad mit mehr als 150 Jahren Erfahrung im Tourismus sind wir in Gastfreundschaft geübt. Das Barefoot Hotel wird unsere Gemeinde um eine Attraktion bereichern. Architektonisch ist das Hotel an den Bäderstil angelehnt und zeigt damit die Ortsverbundenheit. Mit seinen Angeboten steht das Hotel für Qualität und Anspruch, zugleich behält es jedoch die Authentizität im Blick. Das sind Eigenschaften, die unsere Gemeinde Timmendorfer Strand als Marke auszeichnen. Als Bürgermeisterin erfüllt es mich mit großer Freude, wenn sich in die bestehende Angebotsstruktur Anziehungspunkte einreihen, die zu uns passen und uns nach vorne bringen. So gesehen haben sich zwei gefunden.

Wie schätzen Sie die Zukunft von Timmendorfer Strand ein?

Die Gemeinde Timmendorfer Strand wird ihrer Linie als besondere Tourismusdestination an der Ostsee treu bleiben und dabei ihre unbestrittene Stellung weiter ausbauen. Der Name Timmendorfer Strand hat eine enorme Anziehungskraft und strahlt weit über die Landesgrenze hinaus. Das spüren wir insbesondere nach der Auslobung von verschiedenen Wettbewerben. So gehen hier Angebote und Zeichnungsentwürfe beispielsweise aus Großbritannien oder der Schweiz ein. Die Menschen möchten in die Gemeinde Timmendorfer Strand kommen und überregionale Betriebe wollen in ihrem Portfolio den Namen Timmendorfer Strand aufführen. Unsere Gemeinde ist unheimlich begehrt und daran wird sich auch in der Zukunft nichts ändern.

Sind besondere Maßnahmen geplant, die Timmendorfer Strand wieder an die Spitze führen sollen?

Timmendorfer Strand ist spitze! Unsere Gäste schätzen unsere Fähigkeit, am Puls der Zeit zu sein, ob im Bereich der touristischen Infrastruktur oder im Bereich der Veranstaltungen. Wir erstellen hier mit der Timmendorfer Strand Niendorf Tourismus GmbH (TSNT) jedes Jahr ein ausgesprochen anspruchsvolles und ausgewähltes Programm mit diversen sportlichen und kulturellen Highlights: von den deutschen Beachvolleyball-Meisterschaften über JazzBaltica oder Stars at the Beach mit den derzeit angesagtesten Künstlern auf

der großartigen Bühne vor der einmaligen Kulisse am Strand bis hin zu chilligen Veranstaltungen im gemütlichen Kurpark. Am Puls der Zeit zu sein bedeutet aber auch eine stetige Erneuerung und Weiterentwicklung unserer Gemeinde. Unsere Gäste erwarten, dass sie bei uns etwas Neues entdecken, wenn sie am Strand spazieren gehen oder auf der Kurpromenade flanieren. So entstehen auch infrastrukturell stetige Verbesserungen, zum Beispiel auf der Strandpromenade durch ein verbessertes Erscheinungsbild der Dünen, die Erneuerung der Deckenschicht, die Vereinheitlichung der Strandzugänge, ständig wechselnde Bepflanzung am Timmendorfer Platz und vieles mehr. Als landesweites Leuchtturmprojekt wurde Ende 2015 / Anfang 2016 der Fischereihof in unserem Ortsteil Hemmelsdorf eröffnet. Zuvor hatte der Ortsteil Niendorf durch die Neugestaltung der Strandpromenade mit dem Niendorfer Balkon und der neuen Seebrücke ein völlig neues Gesicht erhalten. Als nächste Großinvestition steht das Areal rund um die Trinkkurhalle an. Die Trinkkurhalle als historisch wertvolles Gebäude, direkt zwischen dem Strandpark und der Strandpromenade gelegen, soll eine gastronomische Nutzung mit Außenterrassen und eine Beach-Lounge erhalten. Die angrenzende Maritim-Seebrücke ist abgängig und wird in den nächsten zwei bis drei Jahren neu gebaut. Unser Anspruch bei diesem Neubau ist es, eine „erlebbare" Seebrücke zu errichten. Der Brückenvorplatz als zentraler Veranstaltungsort in unserer Gemeinde sowie der dazugehörige Strandpark werden sich an dem neuen Erscheinungsbild orientieren und somit ebenfalls neu ausgerichtet. Dies sind nur einige Beispiele. Wichtig bleibt die Stetigkeit der Erneuerungen.

Kennen Sie Filme mit Til Schweiger und wenn ja, welche?
Klar kenne ich die Filme von Til Schweiger – „Keinohrhasen", „Zweiohrküken", „Kokowääh", „Kokowääh 2" und „Honig im Kopf".

Wie muss Ihr ideales Urlaubshotel sein?
Ich muss mich rundum wohlfühlen. Dazu gehören eine moderne und dennoch natürliche Ausstattung sowie qualifiziertes und freundliches Personal. Freundlichkeit, Fröhlichkeit und Zufriedenheit sind Emotionen, die das Personal auch auf die Gäste überträgt. Diese Gefühle muss ich im Urlaub spüren.

Was wünschen Sie dem Barefoot Hotel?
Ich wünsche dem Hotel, dass es seinen Gästen viele, viele Glücksmomente beschert und mit Leidenschaft und Mut am Puls der Zeit bleibt. Für unsere Gemeinde wünsche ich mir, dass das Barefoot Hotel viele, viele neue Gäste bringt und unsere Übernachtungszahlen noch weiter steigert!

JOACHIM NITZ

GESCHÄFTSFÜHRER TIMMENDORFER STRAND NIENDORF TOURISMUS GMBH

Welche Funktion haben Sie in Timmendorfer Strand?

Ich bin seit vier Jahren Geschäftsführer der Timmendorfer Strand Niendorf Tourismus GmbH und zuständig für das touristische Marketing für die Orte Timmendorfer Strand und Niendorf/Ostsee. Neben der klassischen Werbung, dem Onlinemarketing, dem Betrieb von drei Touristeninfos mit einer Full-Service-Appartementvermittlung organisieren wir zahlreiche große und kleine Events über das ganze Jahr – meistens am Strand.

Wie wird das Barefoot Hotel Timmendorfer Strand verändern?

Wir sind davon überzeugt, dass das Konzept des Barefoot Hotels neben der hohen, schillernden Aufmerksamkeit durch Til Schweiger auch inhaltlich die neue strategische Tourismuslinie des Ortes deutlich befeuern wird. Neue Linie bedeutet in diesem Zusammenhang innovativ und trendig, qualitativ hochwertig und individuell-atmosphärisch. Diese Gestaltungslinie verfolgen wir in allen Aktivitäten, bei Veranstaltungen, in der Kommunikation sowie in neuen Produkten für unsere Gäste: angefangen mit neuartigen Strandmöbeln, dem coolen StrandKlub in der Saison bis hin zum atmosphärischen Lichtermeer im Herbst. Das Barefoot Hotel passt daher hervorragend in unsere strategische Ausrichtung und wird damit auch weitere touristische Anbieter im Ort zu neuen Ideen inspirieren.

Was sind die Highlights dieses Ortes?

Natürlich ist das größte Highlight von Timmendorfer Strand der fast sieben Kilometer lange, feine Sandstrand mit Strandpromenade und drei Seebrücken. Aber auch der Timmendorfer Platz und die Kurpromenade ziehen das ganze Jahr über sehr viele Urlauber und Tagesgäste an. Im Veranstaltungsprogramm ragt die jährliche deutsche Beachvolleyball-Meisterschaft mit dem fantastischen Stadion direkt auf dem Strand aus dem Eventkalender heraus. Hier findet auch das Konzerthighlight Stars at the Beach – 2017 mit Andreas Bourani, Sido und Dieter Thomas Kuhn – statt. Weitere überregionale Highlights sind die JazzBaltica im Niendorfer Hafen, die deutschen Meisterschaften im Beachpolo und Beachhockey und zum Jahresabschluss selbstverständlich Silvester am Strand mit dem Radiosender NDR 2. Wir freuen uns besonders darüber, dass wir unseren Gästen in den Sommermonaten neuerdings unseren lässigen StrandKlub an der Timmendorfer Seebrücke anbieten können. Loungen, chillen und die Ostsee mit Freunden genießen ist hier das Motto.

**Welche Entwicklung verzeichnet der Ort in Bezug auf Buchungs-
verhalten und Gästeklientel?**

Seit circa fünf Jahren freuen wir uns über stetig steigende Gäste-
und Übernachtungszahlen, so konnten wir 2016 erstmalig über
1,5 Millionen Übernachtungen verzeichnen. Noch mehr freut uns
jedoch, dass die Bereitschaft, wiederzukommen und unseren Ort
Freunden und Bekannten weiterzuempfehlen, ebenfalls in den letzten
Jahren deutlich gestiegen ist. Das heißt, es gefällt den Gästen einfach
gut bei uns. Es ist auch festzustellen, dass im Gegensatz zu früheren
Jahren die Gäste ihre Unterkunft nicht mehr auf den letzten Drücker
buchen, sondern ihre Reise viel früher planen, um sich die schönsten
Zimmer und Appartements zu sichern. Die Klientel von Timmen-
dorfer Strand würde ich als sportlich-schick beschreiben, die von
Niendorf eher als familiär und gesellig.

Wo sehen Sie Timmendorfer Strand in der Zukunft?

Mit der angesprochenen Strategie, auf hohe Qualität zu setzen, gilt für
mich die klare Botschaft „Klasse statt Masse". Das Ziel für die nächsten
Jahre ist dabei deutlich formuliert: Wir wollen die Qualitätsführerschaft
im Bereich Stranderlebnis an der deutschen Ostseeküste übernehmen.
Und dies nicht nur im klassischen Sommergeschäft, sondern über das
gesamte Jahr hinweg. Die positive Entwicklung in der Modernisierung
der bestehenden Hotels ist dabei genauso wichtig wie ein gut durch-
dachtes Veranstaltungsprogramm auch in der dunklen Jahreszeit.
Hohe Erlebnis- und Aufenthaltsqualität, gepaart mit dem besonderen
Extra durch außergewöhnliche Persönlichkeiten wie Udo Lindenberg,
Beachvolleyballspielerin Laura Ludwig und jetzt natürlich Til
Schweiger, machen auch in Zukunft die Anziehungskraft und das Flair
dieses schönen Ortes aus.

Was wünschen Sie dem Barefoot Hotel?

Belohnung für den Mut, das Hotel komplett neu zu konzipieren!
Natürlich durch viele, viele zufriedene Gäste! Und dass die Innovations-
kraft auch in Zukunft aufrechterhalten wird …

HEIDRUN ULBRICH

VORSTAND DER ULBRICH-STIFTUNG

Als Vorstand der Ulbrich-Stiftung sind Sie auch Eigentümer des Barefoot Hotels. Was sagen Sie zu dieser Entwicklung?
Ich freue mich sehr über die Entwicklung des Hotels. Von einem „normalen" Vier-Sterne-Hotel wird es zu einem einzigartigen Hotel werden, nämlich zum ersten Barefoot Hotel. Nicht nur von innen, auch von außen wird das Hotel völlig verändert aussehen. Mir gefällt der Malibu-Hamptons-Stil sehr: Er verspricht Leichtigkeit, Urlaubsfeeling, aber auch Gemütlichkeit und eine Wellnessoase zum Entspannen und Erholen.

Ihr Mann hat dieses Hotel als Hotel Dryade vor über 18 Jahren erworben. Wie sähe er heute wohl sein „altes" Projekt?
Ich glaube, erst einmal hätte man meinen Mann von der Idee überzeugen müssen, das Hotel komplett umzubauen. Aber wenn er es fertig gesehen hätte, wäre er sicherlich überwältigt und begeistert gewesen!

Sie leben seit 29 Jahren hier im Ort. Was gefällt Ihnen besonders an Timmendorfer Strand? Was wünschen Sie sich für die Zukunft?
Ich liebe die Ostsee und die gute, saubere Luft, auch wenn der Wind oft sehr heftig bläst. In den letzten Jahren hat sich Timmendorfer Strand sehr positiv weiterentwickelt. Es sind viele neue und schöne Hotels und Gebäude entstanden. Von meinem Haus aus genieße ich den Blick auf den Hemmelsdorfer See. Wenn ich Stadtluft wünsche, bin ich von Timmendorfer Strand in einer Stunde in Hamburg. Ich wünsche mir, noch viele Jahre gesund in Timmendorfer Strand leben zu können.

Werden auch Sie und Ihre Kinder und Enkelkinder das Ambiente des Barefoot Hotels genießen?
Sicherlich werde ich das Restaurant und den Shop besuchen. Da einige meiner Kinder und Enkel überall in Deutschland verteilt leben, zum Beispiel in München und Berlin, glaube ich, dass sie alle gerne das Ambiente des Barefoot Hotels kennenlernen möchten, denn auch sie lieben Dinge, die zeitlos schön sind, wie das Material Holz, das viel im Barefoot Hotel zu finden sein wird.

Was wünschen Sie dem Barefoot Hotel?
Ich wünsche dem Barefoot Hotel, der gesamten Crew, Til Schweiger und der JASIKA Holding ganz viel Erfolg und viele nette Gäste, die sich sehr wohlfühlen und gerne wiederkommen werden!

CHRISTIAN & ANDREAS VON OVEN

GRAND HOTEL SEESCHLÖSSCHEN, TIMMENDORFER STRAND

Was sagen Sie zur Eröffnung des Barefoot Hotels?
Wir freuen uns sehr, dass Til Schweiger mit dem Barefoot Hotel ein neues Konzept in Timmendorfer Strand etabliert. Wir sind uns sicher, dass dies ein Zugewinn für den Ort darstellen wird.

Wird dies eine Konkurrenz für Sie sein oder eher das Geschäft beleben?
Wir sehen das Barefoot Hotel nicht als Konkurrenz. Es stellt mit dem neuen, ausgefallenen Hotelkonzept vielmehr eine Bereicherung des Hotelangebots in Timmendorfer Strand dar und verbessert nochmals die Außenwirkung von Timmendorfer Strand, einem jungen, dynamischen Urlaubsort.

Was sagen Sie als erfahrene Hoteliers zum Stil des Hauses?
Der Beach-House-Charakter ist frisch, modern und sehr schick. Dieser Stil passt gut an die Ostsee und wird zahlreiche Gäste ansprechen.

Haben Sie eine ganz persönliche Beziehung zu Til Schweiger und seinen Filmen?
Natürlich kennen wir einige Filme von Til Schweiger. Imposant finden wir vor allem die Entwicklung, die Til Schweiger in seiner Karriere durchlaufen hat, und dass er nun ebenfalls als Regisseur und Produzent auftritt. Die Kreativität, welche Til Schweiger an den Tag legt, ist beeindruckend und wird sich sicherlich im Barefoot Hotel widerspiegeln.

Wie schätzen Sie die Entwicklung der Urlaubsregion Lübecker Bucht ein?
Die Entwicklung der Lübecker Bucht beziehungsweise der Urlaubsregion Ostsee und generell des Deutschlandtourismus schätzen wir als sehr positiv ein. Diese Entwicklung wird unserer Meinung nach in den nächsten Jahren ebenfalls so bleiben. Die gewachsene Infrastruktur und die Nähe zu Hamburg sind ein weiterer Vorteil, den die Urlaubsregion Lübecker Bucht birgt.

Was wünschen Sie dem Barefoot Hotel?
Wir gehen davon aus, dass das Barefoot Hotel aufgrund des absolut stimmigen Hotelkonzeptes sowieso Erfolg haben wird. Wir wünschen für die Zukunft dennoch alles Gute und wie man in Norddeutschland sagt: „Immer eine Handbreit Wasser unterm Kiel."

DIETER MALAKOWSKY

HOTEL GORCH FOCK, TIMMENDORFER STRAND

Was sagen Sie zur Eröffnung des Barefoot Hotels?
Eine gute Geschäftsidee, gepaart mit einem tollen Unternehmen. Viel Fleiß, Willen und Mut gehören selbstverständlich dazu, um erfolgreich zu sein, aber hier erst einmal meinen Glückwunsch!

Wie empfinden Sie diesen neuen Stil?
Schon der erste Eindruck vermittelt ein herzliches Willkommen, und wo sich Gäste wohlfühlen, ist der Erfolg nicht weit. Ein „offenes Haus" mit einem tollen Ambiente, das begeistert.

Welche persönliche Beziehung haben Sie zu diesem über 120 Jahre alten Haus?
Mit dem Haus bin ich persönlich verbunden, habe ich doch das Hotel eine Zeit lang führen dürfen. Mich verbindet seit 25 Jahren eine enge Freundschaft mit Herrn Stemmler bezüglich dieses und weiterer Hotels. Es sind überdies nur positive Erinnerungen.

Was hat sich in den letzten 25 Jahren in Timmendorfer Strand getan?
Es ist in den letzten Jahren sehr viel hier in Timmendorfer Strand investiert worden, seitens der Gemeinde, aber auch sehr viel von privaten Investoren. Zudem hat sich der Service von Jahr zu Jahr zum Positiven verbessert, was mich besonders freut.

Verzeichnen Sie Veränderungen bei der Gästeklientel? Wenn ja, welche?
Seit Jahren schon gibt es die typische Sommersaison nicht mehr. Jede Jahreszeit hat hier an der Küste ihre Liebhaber. Selbst die kältesten Tage, zusammen mit Sonnenschein, locken viele Gäste schon mal von dem Kamin weg. Sehr zu unserer Freude besuchen auch mehr und mehr junge Leute und Familien unseren Ort und haben die Ostseeküste zu ihrer zweiten Heimat erklärt.

Was wünschen Sie dem Barefoot Hotel?
Ich bin sicher, dass die Investition, die Mühe und der Einsatz mit diesem Konzept belohnt werden. Auf jeden Fall wünsche ich Herrn Schweiger, Herrn Stemmler und ihrem Team einen tollen Start und immer ein volles Haus. Alles, alles Gute!

VERWANDLUNG

Ein Blick
zurück:

HOTEL
MERIDIAN

September 2016
STARTSCHUSS

Nicht springen!
Badebekleidung
erwünscht!

Badetiefe 1,15m

HOTEL MERIDIAN

24. November
2016

Ich möchte das so vorfinden wie ich es hinterlasse!

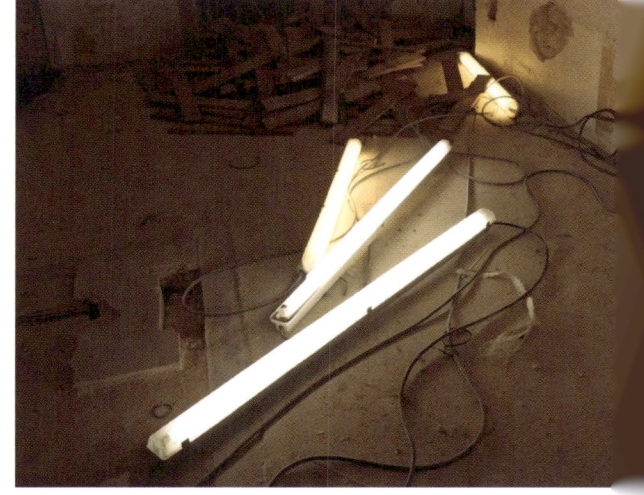

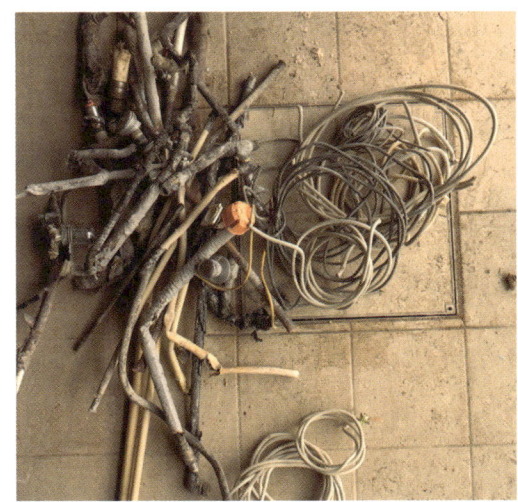

9. Dezember

2016

9. Januar
2017

7. Februar
2017

8. März
2017

3. April
2017

24. April

2017

5. Mai
2017

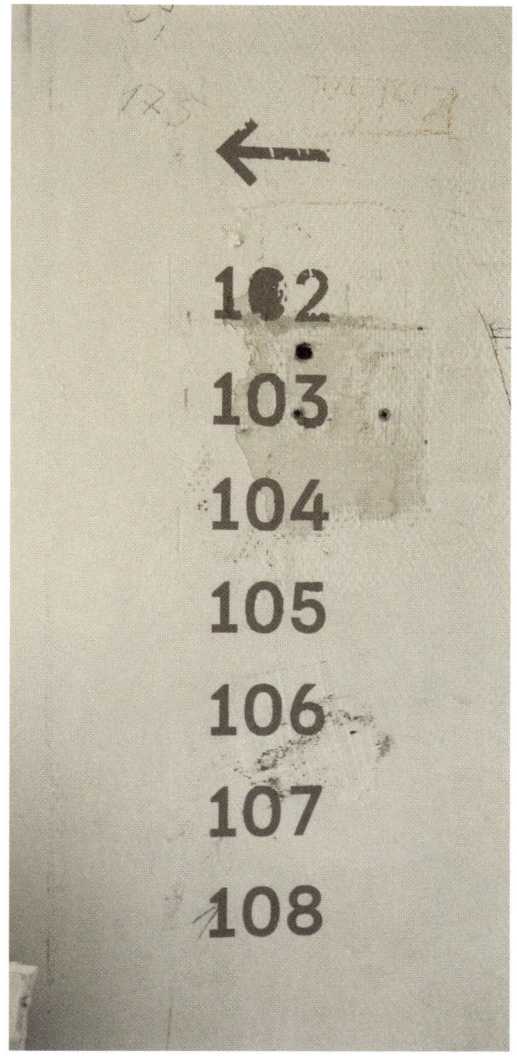

102
103
104
105
106
107
108

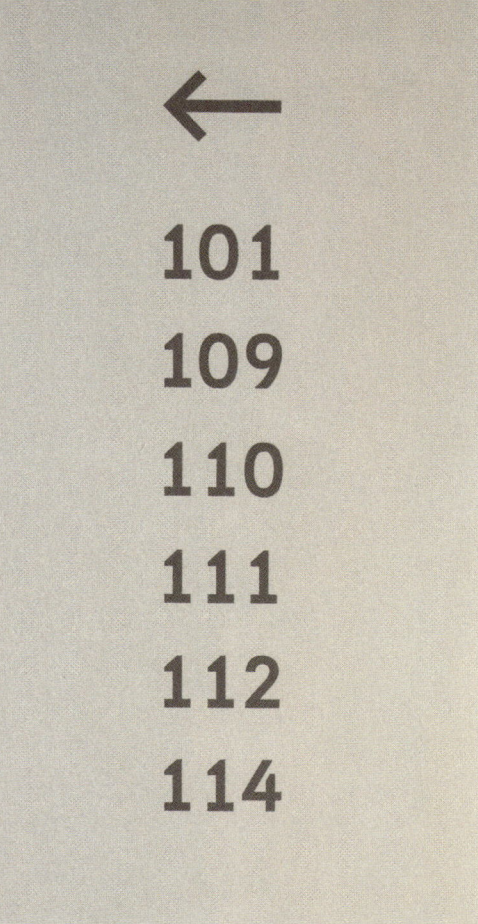

101
109
110
111
112
114

5. Mai 2017
RICHTFEST

19. Mai
2017

23. Mai
2017

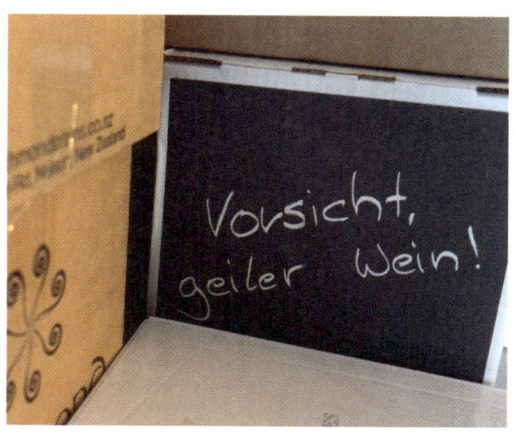

Vorsicht, geiler Wein!

25. Mai
2017

25. Mai 2017

HANDWERKER-
FEST

barefoot
TIMMENDORFER
STRAND
WWW.BAREFOOTHOTEL.DE
2017

HOTEL
barefoot
2017

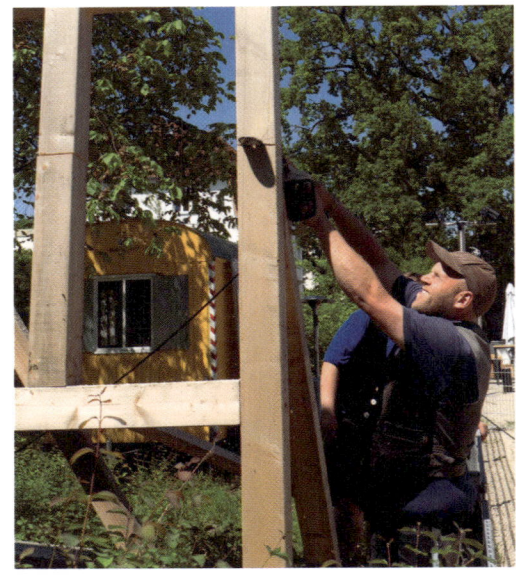

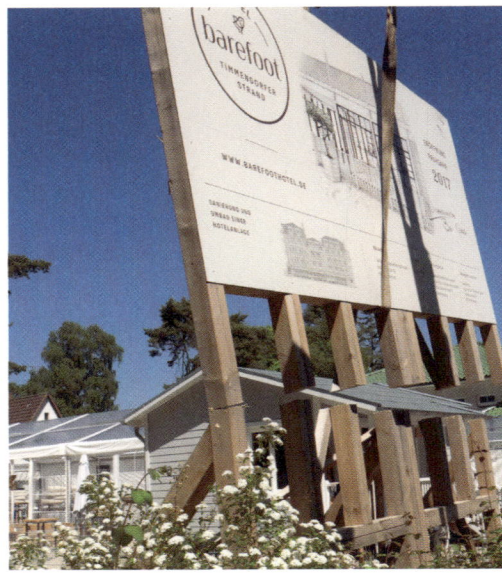

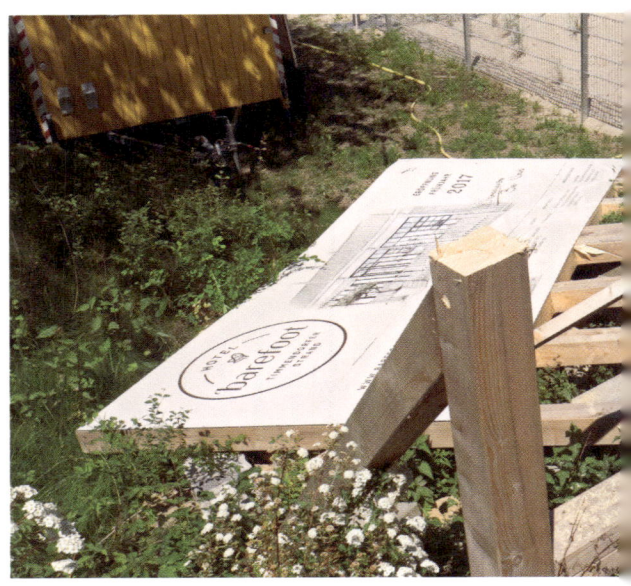

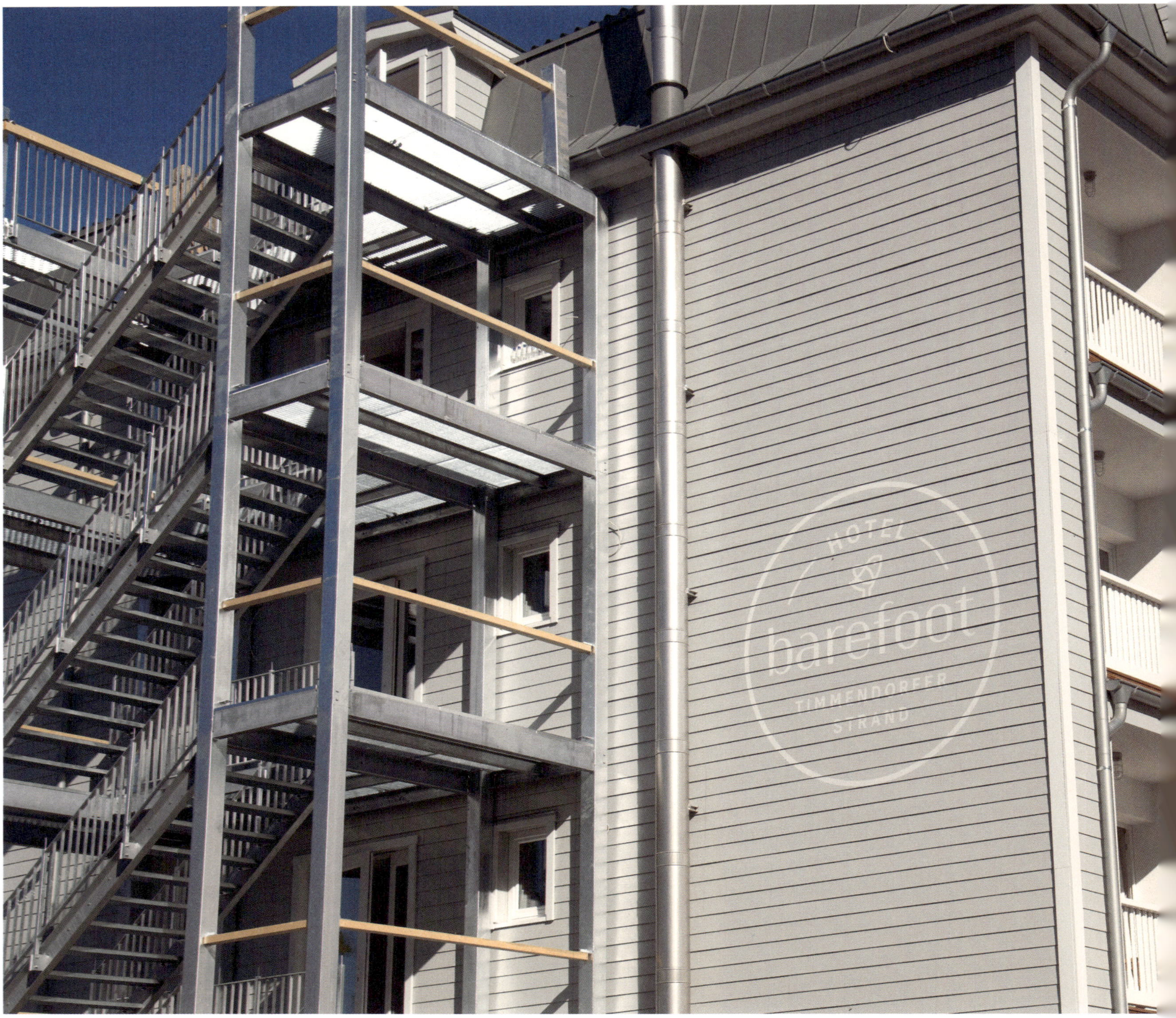
HOTEL
barefoot
TIMMENDORFER
STRAND

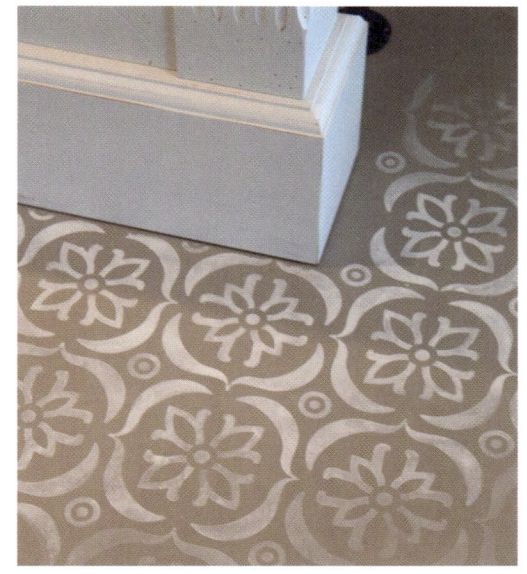

26. Mai

2017

27. Mai 2017

ERÖFFNUNG

HEINER LAUTERBACH

Til ist ein feinfühliger, empathischer und gastfreundlicher Mensch mit einem gesunden Ego und Hang zum Perfektionismus. Er ist auf seinen Stil bedacht und klebt am Zeitgeist. Er liebt es zu lachen und sich mit Menschen zu umgeben. All das prädestiniert ihn für das Hotelgewerbe und hat seinen Weg in selbiges vorgezeichnet. Sollte er hier ähnlich erfolgreich werden wie im Filmgeschäft, sage ich nur: Zieht euch warm an, ihr Hiltons und Adlons ...

HOTEL

Das Hotel:
WILL-
KOMMEN

Das Hotel:
RESTAURANT

Das Hotel:
LOUNGE

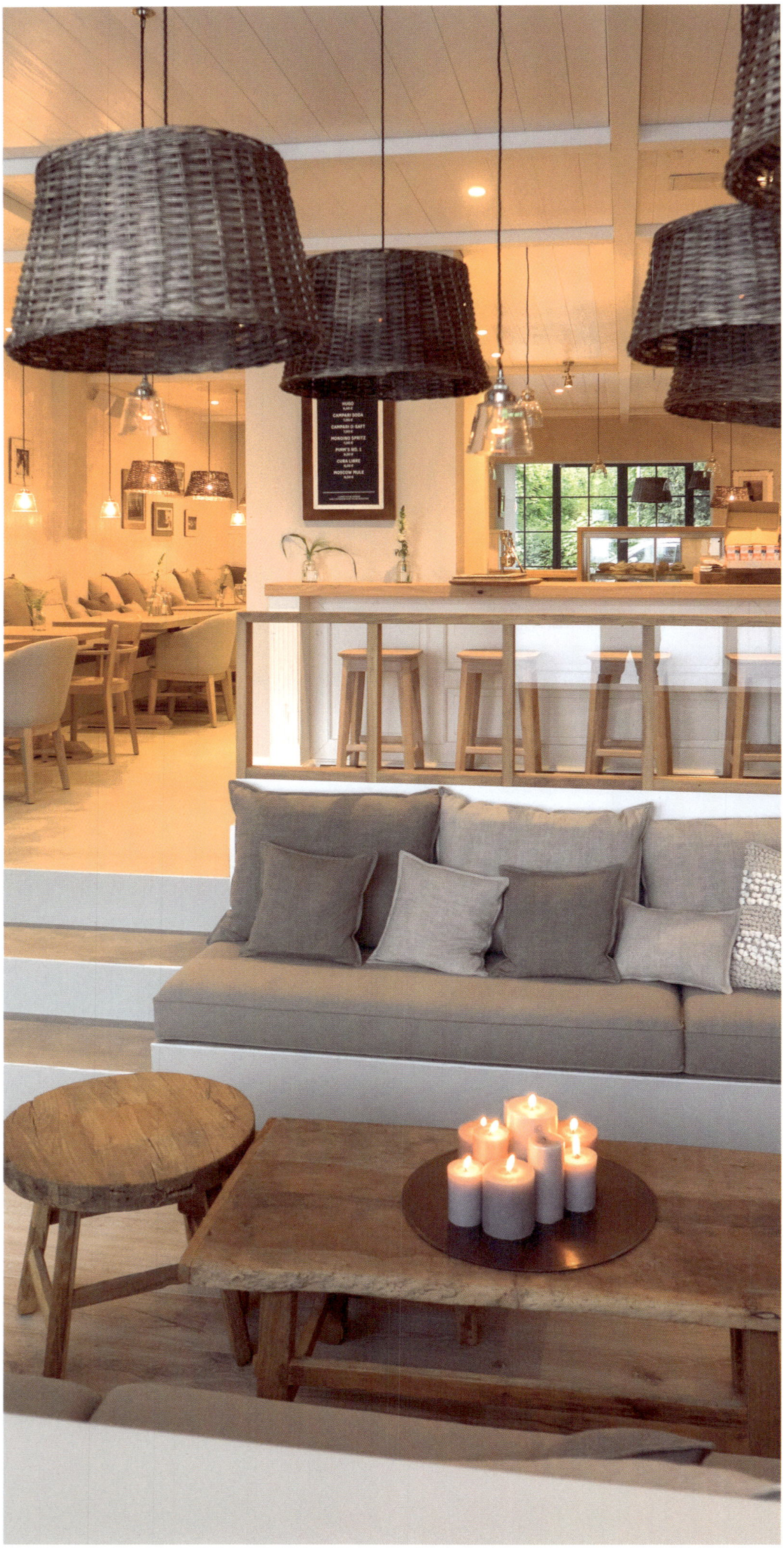
HUGO
CAMPARI SODA
CAMPARI O-SAFT
CUBA LIBRE
MOSCOW MULE

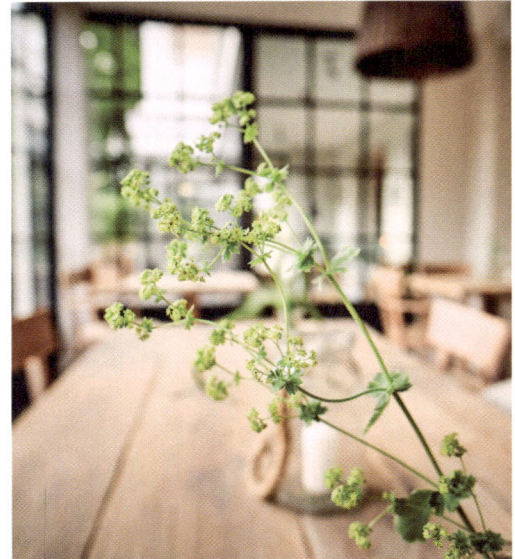

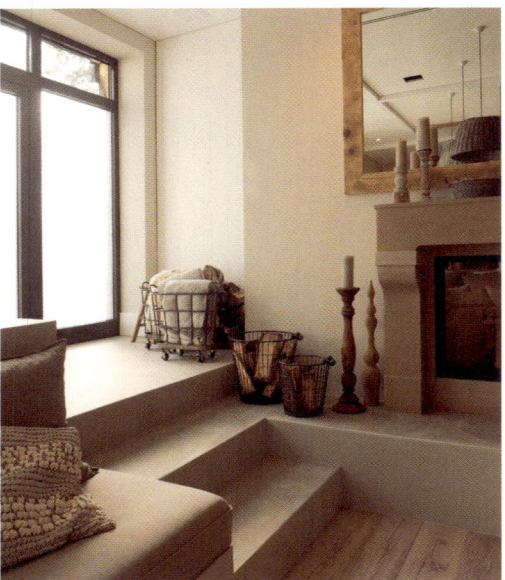

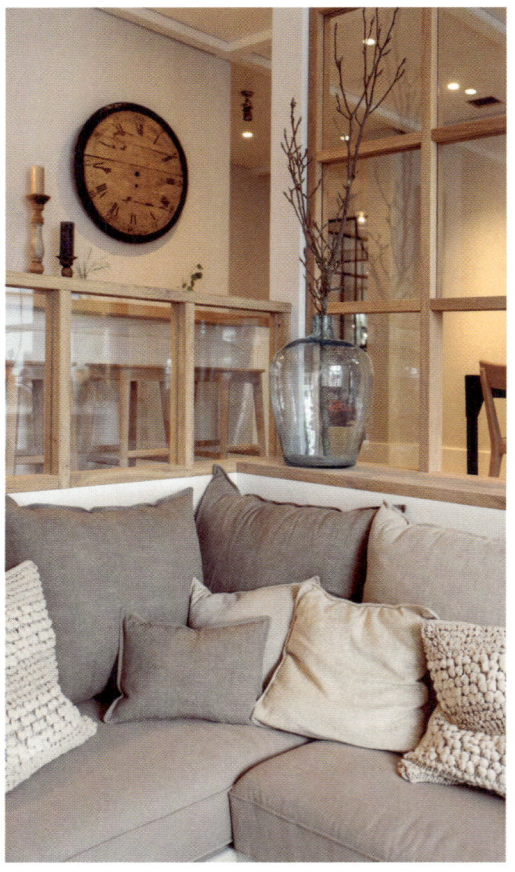

Das Hotel:

SPA

Das Hotel:
GYM

Das Hotel:
ZIMMER

Das Hotel:
SHOP

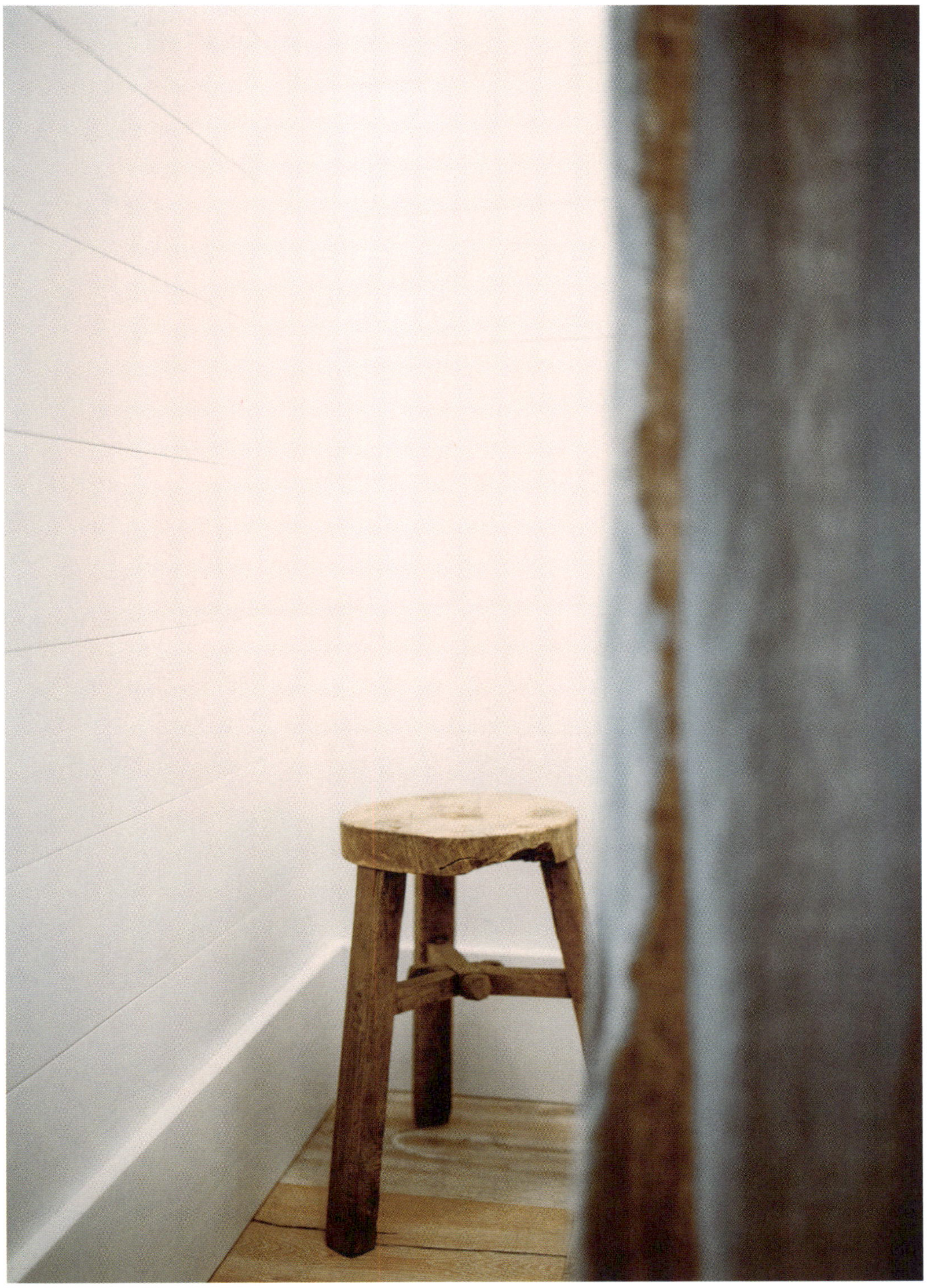

BAREFOOT
HOMEWEAR

BAREFOOT LIVING
SHOP

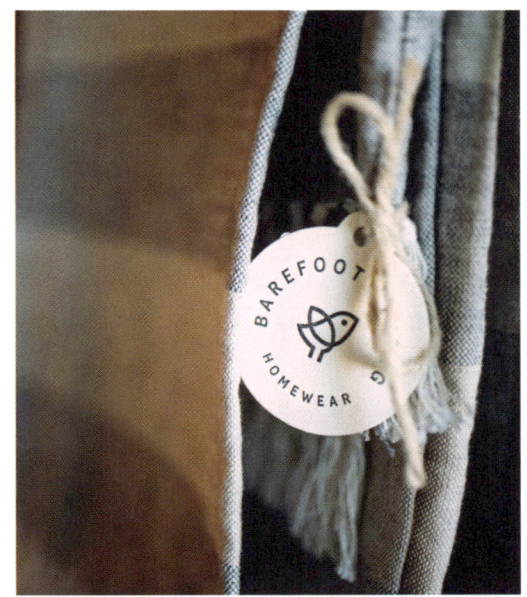

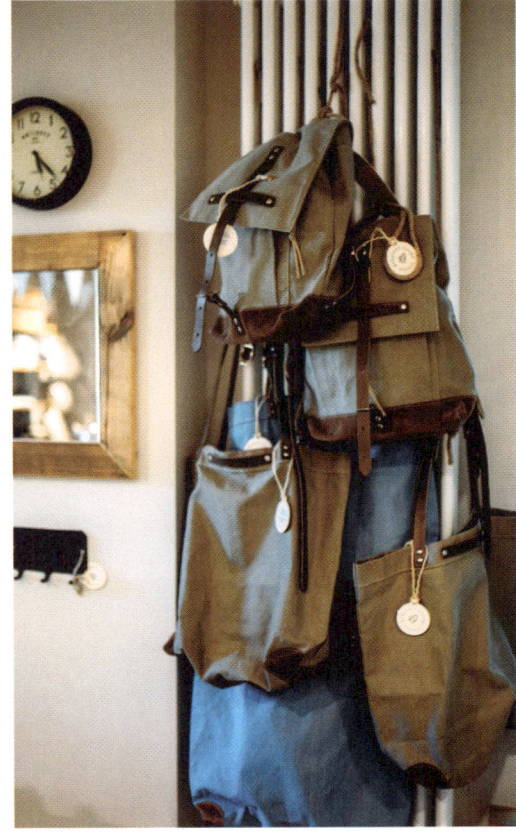

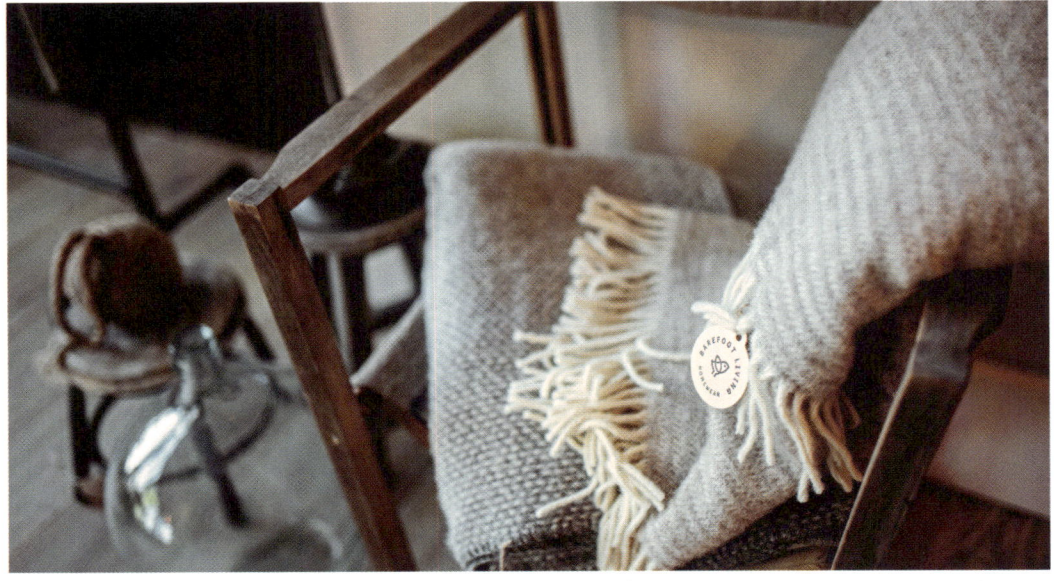

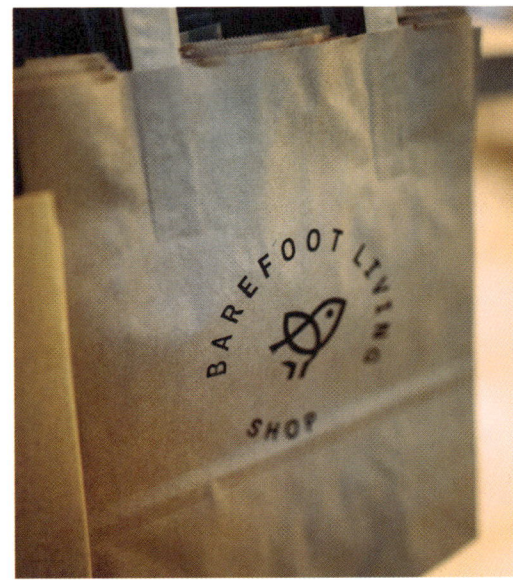

UNSER SPEZIELLER DANK
GEHT AN:

DIE GESELLSCHAFTER der JASIKA Holding GmbH
für das große entgegengebrachte Vertrauen bei diesem spannenden Projekt:
Herr Eckart Ulbrich († 2013)
Frau Heidrun Ulbrich für die Ulbrich-Stiftung
Frau Katja Ulbrich
Frau Janine Endregat
Frau Silke Ulbrich-Käferlein

DIE MITARBEITER der JASIKA HOLDING GMBH
insbesondere Herrn **MICHAEL HUBER**

DIE ARCHITEKTEN für die hervorragende
und fristgerecht abgelieferte Arbeit:
Herr Jörn Jahnke und sein Team der Bauform
Herr Sebastian Labs und sein Team von Labsdesign

DEN AUTOR Uwe Killing für das tolle Interview
und die interessanten Zeilen

WEITERHIN:
Frau Katy Steinfeld und ihr Team von Steinfeld PR
Frau Petra Meyer und ihr Team von Via Berlin
Herr Knut Ettling und sein Team von Format Design
Frau Isabel von Forster und ihr gesamtes Team

ALLE FOTOGRAFEN und ihre Assistenten

DAS GESAMTE TEAM des
Barefoot Hotel Timmendorfer Strand

UND LAST BUT NOT LEAST:
TIL SCHWEIGER für das tolle Design, die große Hingabe für das Projekt,
die tolle Zusammenarbeit und nicht zuletzt die aufregende Zeit

BILDNACHWEISE

TITELMOTIV
© Anna Vähäoya Lindner

INTRO
Fotos von Nikolaj Georgiew

INTERVIEW
Fotos von Nikolaj Georgiew, außer Seite 10 (unten links) & 12
von Anatol Kotte sowie Seite 13 von Barefoot Hotel
Porträt Iris Berben auf Seite 37: © Horst Galuschka

INSPIRATION
Fotos von Nikolaj Georgiew, außer Seite 46–47 von Anatol Kotte
Szenenfotos auf den Seiten 41, 42, 43–44, 48–49,
56–57: © Warner Bros. Entertainment Inc.
Porträt Wladimir Klitschko auf Seite 59: © Denis Ignatov Photography

LOCATION
Fotos auf den Seiten 60, 63 (unten), 67, 68 mit freundlicher Genehmigung
der Timmendorfer Strand Niendorf Tourismus GmbH
© TSNT / Torsten Vollbrecht
Foto Seite 62: © Lemur / unsplash.com
Foto Seite 63 (oben): © Michael Schwartz Photographie
Fotos auf den Seiten 64, 76, 78: Nikolaj Georgiew
Foto Seite 65: mit freundlicher Genehmigung
von Christina und Volker Liebrecht
Foto Seite 66: mit freundlicher Genehmigung von Hatice Kara
Foto Seite 72: © Austin Walker / unsplash.com
Foto Seite 73: mit freundlicher Genehmigung von Heidrun Ulbrich
Foto Seite 74–75: © Matthias Goetzke / unsplash.com
Foto Seite 77: mit freundlicher Genehmigung
von Christian und Andreas von Oven
Foto Seite 79: mit freundlicher Genehmigung von Dieter Malakowsky
Foto Seite 80–81: © Alex Talmon / unsplash.com

VERWANDLUNG
Fotos von Jörg M. Krause, außer Seite 84–85 von Barefoot Hotel,
Seite 86–87 von Astor Salcedo, Seite 106–107 von Jens Hahm
und Jörg M. Krause sowie Seite 118–140 von Bob Leinders
Porträt Heiner Lauterbach auf Seite 141: mit freundlicher Genehmigung
von Heiner und Viktoria Lauterbach

HOTEL
Fotos von Nikolaj Georgiew, außer Seite 158–159 & 182–183
von Anatol Kotte sowie Seite 152 (unten links) von Bob Leinders

OUTRO
Fotos von Nikolaj Georgiew

IMPRESSUM

© 2018 teNeues Media GmbH & Co. KG, Kempen
Alle Rechte vorbehalten

Herausgeber:
Mirko Stemmler, Barefoot Hotel Timmendorfer Strand GmbH
Texte: **Uwe Killing**

Projektkoordination: **Regine Freyberg, Nadine Weinhold**
Design & Layout: **Sophie Franke, Christin Steirat**
Lektorat: **Hanna Lemke**
Bildbearbeitung & Proofs: **David Burghardt/db-photo.de**
Herstellung: **Alwine Krebber**

ISBN 978-3-96171-044-7
Gedruckt in Tschechien

Bibliografische Information der Deutschen Nationalbibliothek
Die Deutsche Nationalbibliothek verzeichnet diese Publikation
in der Deutschen Nationalbibliografie; detaillierte bibliografische Daten
sind im Internet über http://dnb.dnb.de abrufbar.

Barefoot Hotel Timmendorfer Strand GmbH
Schmilinskystr. 2
23669 Timmendorfer Strand
Tel.: 04503-760 910 00
www.barefoothotel.de

Published by teNeues Publishing Group

teNeues Media GmbH & Co. KG
Am Selder 37, 47906 Kempen, Germany
Phone: +49-(0)2152-916-0
Fax: +49-(0)2152-916-111
e-mail: books@teneues.com

Press department: Andrea Rehn
Phone: +49-(0)2152-916-202
e-mail: arehn@teneues.com

teNeues Media GmbH & Co. KG
Munich Office
Pilotystraße 4, 80538 Munich, Germany
Phone: +49-(0)89-443-8889-62
e-mail: bkellner@teneues.com

teNeues Media GmbH & Co. KG
Berlin Office
Kohlfurter Straße 41–43, 10999 Berlin, Germany
Phone: +49-(0)30-4195-3526-23
e-mail: ajasper@teneues.com

teNeues Publishing Company
350 7th Avenue, Suite 301, New York, NY 10001, USA
Phone: +1-212-627-9090
Fax: +1-212-627-9511

teNeues Publishing UK Ltd.
12 Ferndene Road, London SE24 0AQ, UK
Phone: +44-(0)20-3542-8997

teNeues France S.A.R.L.
39, rue des Billets, 18250 Henrichemont, France
Phone: +33-(0)2-4826-9348
Fax: +33-(0)1-7072-3482

www.teneues.com